SOMMAIRE

Le Combat d'une vie

Serge Klarsfeld

Le Combat d'une vie

25 ans à traquer
les nazis

LE COMBAT D'UNE VIE

Un crime presque parfait

C'était il y a soixante-dix ans, peu après mon huitième anniversaire. Dans la nuit de la rentrée des classes, le 30 septembre 1943, les soldats allemands encerclent le pâté de maisons où se trouve notre immeuble, à Nice. Les projecteurs des camions s'allument et la chasse aux Juifs, appartement par appartement, débute. Elle est dirigée par Alois Brunner et son commando de SS autrichiens qui ont pénétré, le 8 septembre, dans Nice où les militaires italiens protégeaient les Juifs, jusque-là, contre toute arrestation. Il nous était impossible de quitter la ville dont les accès étaient bloqués et placés sous contrôle policier, à commencer par les gares.

Brunner a mené à Nice les rafles les plus brutales de l'Europe occidentale : vérifications soudaines d'identité dans les rues avec déshabillage des hommes suspectés d'être Juifs et, chaque nuit, des opérations comme celle que nous subissons. Mon père a pris la précaution de créer un double fond dans un placard profond afin d'y cacher ma mère, ma sœur et moi ; lui-même a prévu de se sacrifier pour ouvrir la porte aux Allemands et éviter ainsi une fouille violente qui mènerait immanquablement à notre découverte, tant notre protection est fragile.

Les gestapistes sont déjà dans l'appartement voisin, où vit sous un faux nom une famille juive : le père, la mère, une jeune fille et une fillette qui est notre camarade de jeux. Les Allemands se mettent à les battre, elle et sa sœur aînée, pour faire avouer aux parents l'adresse de leur fils. Notre placard est mitoyen de leur appartement et nous entendons distinctement leurs cris et leurs pleurs. La petite Marguerite répète : « Je ne sais pas ! Je ne sais pas ! » Le père hurle : « Police française, police française ! Au secours ! Sauvez-nous ! Nous sommes Français ! »

Je sais que, si l'on nous trouve, nous sommes promis à la mort. Quelques jours auparavant, notre père nous a dit : « Si les Allemands nous arrêtent, moi, je survivrai parce que je suis fort, mais vous, non. » La sauvagerie à laquelle nous assistons cette nuit-là nous plonge, ma sœur et moi, dans le silence et l'immobilité les plus complets. On frappe à notre porte : « Ouvrez, police allemande ! » Mon père obéit, sinon la porte serait enfoncée. Tout de suite, l'Allemand demande en français : « Où sont votre femme et vos enfants ? » Mon père répond que nous sommes à la campagne parce que l'appartement vient d'être désinfecté. Les Allemands entament la fouille ; l'un d'eux ouvre la porte du placard, rabat les vêtements qui se trouvent sur la tringle, mais il ne touche pas le mur du fond qui est, en réalité, une mince cloison de bois.

Voilà comment nous avons eu la vie sauve. Au matin de cette nuit terrible, nous avons pu enfin sortir. Pendant des mois, nous avons vécu traqués, passant d'appartement en appartement, marchant dans la rue, ma mère sur un trottoir, ma sœur et moi sur celui d'en face. À chaque instant, nous savions que la mort pouvait nous rattraper.

Pour les enfants juifs de ma génération, cette menace revêtait tantôt des uniformes allemands, tantôt des uniformes français. Elle était incarnée par des civils allemands ou par des inspecteurs français, parfois par les uns et les autres, ensemble. C'est ainsi que, même ceux d'entre nous qui étaient assimilés et ne savaient pas ce que cela signifiait, religieusement, qu'être juif, ont eu la révélation profondément durable, jusqu'à leur dernier souffle, qu'ils étaient juifs.

Pendant ces années terribles, combien de pères juifs ont-ils été obligés de bâtir des doubles fonds pour tenter de sauver leur famille ? Combien ont réussi ? Bien peu. Nous n'avons pas été découverts, Anne Frank le fut.

Mon père a pris le chemin de Drancy, puis d'Auschwitz, où il est arrivé le 30 octobre 1943 par le 61e convoi parti de France. Frappé par un Kapo, il eut la force de répliquer en l'assommant, ce qui lui coûta la vie. En 1965, je me suis rendu à Auschwitz-Birkenau, là où il est mort. Là où j'aurais dû mourir, moi aussi, s'il ne nous avait pas sauvé la vie au sacrifice de la sienne. C'était l'hiver, il faisait un froid terrible, j'étais seul. Moi, le survivant, je me suis fait deux promesses : celle de défendre Israël ; et celle de défendre la mémoire des Juifs qui ont péri durant la Shoah.

La tâche était immense. En pleine civilisation, en se servant de procédés méthodiques, la cruauté raciale des nazis a exterminé six millions de Juifs. Six millions de femmes, d'hommes et d'enfants qui ont succombé, dans les conditions les plus atroces, à un mélange fatal de mystique barbare et d'esprit administratif.

Les crimes des Himmler, Heydrich et autres Eichmann ont frappé toutes les régions asservies au Reich. Leurs circulaires ont aspiré les Juifs de toute l'Europe au fond de l'univers concentrationnaire. Les convois de déportation sont venus de partout : France, Bohême-Moravie, Belgique, Pays-Bas, Norvège, Autriche, etc. Il n'a fallu que quelques jours pour que les Juifs de l'île de Rhodes, arrêtés en pleine mer, traversent la Méditerranée et l'Europe et foulent la sinistre rampe d'arrivée de Birkenau, à quelques pas des chambres à gaz où ils allaient être exterminés.

Les rafles avaient lieu simultanément à Budapest, Toulouse, Minsk et Mantoue, dans les villages de Thrace ou dans ceux de Dordogne. L'équipe des organisateurs du massacre sillonnaient l'Europe : après avoir persécuté les Juifs allemands en 1939, le lieutenant d'Eichmann, Theodor Dannecker installait en 1940 la réserve juive de Nisko en Pologne, puis préparait la déportation des Juifs de France jusqu'à l'été 1942. Ensuite, il a poursuivi sa sinistre besogne à Sofia et à Prague. Avec Eichmann, à Budapest, il a collaboré à la déportation de plusieurs centaines de milliers de Juifs hongrois, puis il a fini sa carrière en décimant les Juifs de l'Italie du Nord. Alois Brunner, un autre des efficaces lieutenants d'Eichmann, a opéré successivement, lui, à Vienne, Berlin, Salonique, Paris et Bratislava.

Ce crime parfaitement planifié, organisé, exécuté, témoigne de la détermination effrayante avec laquelle ses auteurs l'ont conçu et réalisé. Ce n'est pas un crime isolé, l'œuvre d'une petite équipe autonome. C'est un crime de masse qui a nécessité, d'abord, la coopération de diverses administrations allemandes. Il a fallu négocier les convois ferroviaires avec le ministère des Transports. Pour obtenir la livraison de Juifs de nationalités relevant de pays neutres, alliés de l'Axe ou soumis au Reich, il a fallu le concours de la diplomatie hitlérienne qui, le plus souvent, l'a offert sans réserve.

Il a fallu, ensuite, le concours de l'armée allemande pour que les groupes spéciaux d'extermination, les Einsatzgruppen, puissent accomplir efficacement leur besogne de tueurs. Plus d'un million et demi de Juifs ont été massacrés par ces SS appartenant à la police politique, mais que la Wehrmacht pourvoyait en munitions et en nourriture, en moyens de transport et de transmissions – tout ce dont ils avaient besoin pour anéantir les Juifs de l'Union soviétique.

Il a fallu, de plus, l'exploitation de la main-d'œuvre concentrationnaire par la grande industrie allemande qui a réalisé de fabuleux bénéfices en louant à bas prix aux SS ces esclaves qu'elle n'avait pas à ménager ni à nourrir décemment. Lorsque, rapidement, ils perdaient leur capacité de travail, les industriels allemands les rendaient aux SS, qui les envoyaient à la chambre à gaz.

Il a fallu aussi, ne l'oublions pas, la complicité des antisémites locaux, de la Pologne à l'Ukraine, de la Roumanie aux Pays baltes, ainsi que la bienveillance des régimes mis en place ou soutenus par le IIIe Reich, de la Slovaquie à la Croatie, de la France de

Vichy à la république de Salo, qui ont massacré eux-mêmes leurs Juifs ou les ont livrés à l'occupant hitlérien.

Ainsi, de 1940 à 1945, le nazisme a tué ou a fait tuer les deux tiers du peuple juif vivant en Europe par des méthodes variées : les exécutions sommaires par petits groupes ou dans les grandes fosses comme celle de Babi Yar ; la sous-nutrition dans les ghettos ; les chambres à gaz ambulantes des territoires de l'Est ; le surmenage et la sous-alimentation dans les mines, les carrières ou les usines de IG-Farben et de Krupp ; les pogromes provoqués ; l'empoisonnement dans les chambres à gaz de Treblinka, Maidanek, Belzec, Sobibor, Auschwitz et du Stuthoff. Un médecin SS, le Dr Johann Paul Kremer, a raconté dans son journal intime avoir observé par un hublot comment 761 Juifs du convoi parti de Drancy le 31 août 1942 ont été gazés : « En comparaison, l'enfer de Dante m'apparaît presque comme une comédie. Ce n'est pas pour rien qu'Auschwitz est appelé camp d'extermination. »

Cette colossale entreprise de destruction, par sa nature et par ses dimensions, n'a jamais eu d'équivalent. Pour être menée à bien par les gouvernants d'un peuple appartenant, dans sa majorité, au christianisme et connu pour être l'un des plus civilisés du monde occidental, il a fallu deux catégories de criminels : ceux qui perpétraient directement les assassinats massifs, les fantassins de cette armée du crime ; et ceux qui assassinaient derrière leurs bureaux, c'est-à-dire qui donnaient l'ordre de tuer ou dont les activités contribuaient à l'organisation du crime. Les uns et les autres sont coupables car, sans leurs agissements conjugués, il n'y aurait pas eu ces millions de victimes dont, sans doute, plus d'un million d'enfants.

Prémisses de justice

Disons-le haut et fort : la chasse aux criminels de guerre nazis est un mythe. N'en déplaise aux journalistes, aux écrivains et aux cinéastes, il est faux d'affirmer que ces criminels ont été activement recherchés. Au vrai, ils l'ont été beaucoup moins que nombre d'escrocs d'envergure internationale... Il faut savoir regarder la vérité en face et séparer lucidement la fiction de la réalité, aussi triste et décevante soit-elle. Seule la trop brève période de coopération entre l'Est et l'Ouest, de 1945 à 1947, donna lieu à une « chasse » digne de ce nom. La guerre froide y mit un point final. Elle fut une véritable bénédiction pour les criminels nazis, très souvent graciés et parfois rapidement libérés, notamment par les Américains.

Des films comme *The Boys from Brazil, Marathon Man* et *The Odessa File* ont contribué à entretenir une autre légende, tout aussi fausse : celle d'une traque impitoyable menée par des commandos de justiciers juifs. Aucun peuple, je crois, victime d'une souffrance immense comme le fut le peuple juif aux mains des nazis, n'aurait laissé la vengeance prendre aussi peu de place dans son cœur. Israël n'a jamais agi illégalement à l'encontre des criminels nazis relaxés, acquittés ou condamnés, en Allemagne ou en Autriche, à des peines scandaleusement faibles. Les impératifs de la lutte contre le terrorisme, la nécessité de s'intégrer à un ensemble occidental dont il fallait bien respecter les règles de cohabitation, le rôle permanent de l'Autriche comme sas de sortie des Juifs des pays de l'Est, l'appui matériel apporté par la République fédérale à l'État juif et la volonté d'établir avec elle des relations diplomatiques ont conduit Jérusalem à ne jamais intervenir directement contre les criminels nazis dans ces deux pays. Israël s'est contenté de fournir aux procureurs allemands les témoins et les documents qu'ils lui demandaient et d'exiger que justice soit faite.

Si la traque des criminels nazis par des Juifs assoiffés de vengeance relève du mythe, un fait, bien réel celui-là, mériterait d'être mieux connu. En effet, ce sont des Juifs qui sont à l'origine des premiers efforts de recherche sur les crimes commis contre eux. Dès 1940 est fondé, à Haïfa, un bureau d'investigation de l'Agence juive qui amasse les renseignements recueillis auprès des nouveaux immigrants sur les criminels nazis. En mars 1943, le département politique de l'Agence juive établit une section spéciale des questions juives de la Diaspora. En mars 1944, cet organisme devient le Bureau de recherches sur la situation des Juifs sous la domination nazie. Les informations proviennent des immigrants, de l'Agence juive à Istanbul, des émissaires en Suisse et des rapports de résistants. En France, Isaac Schneersohn crée à Grenoble, en avril 1943, le Centre de documentation juive contemporaine qui organise la collecte des documents disponibles sur les persécutions antisémites perpétrées, en France, par l'occupant allemand et le régime de Vichy.

Du côté des Alliés, la justice se met en branle bien avant la fin de la guerre, également. Dès janvier 1942, à Londres, les huit gouvernements européens en exil, plus le Comité national de la France libre, se réunissent. Ils peaufinent une déclaration stigmatisant les crimes allemands. Déjà se fait sentir une volonté juive de prévenir le crime antijuif en mettant ce dernier en évidence. Sous la pression du Congrès juif mondial (CJM), la section britannique du CJM insiste pour que la déclaration comprenne une partie spécifique consacrée aux crimes perpétrés contre les Juifs. En vain. Dans ce texte, comme dans ceux qui suivent, le crime anti-juif n'est pas, hélas, distingué des autres crimes. S'il en avait été autrement, si les Alliés avaient menacé explicitement les Allemands de représailles contre ce crime raciste, cela aurait peut-être tempéré le zèle des tueurs.

N'oublions pas que, au moment où les Juifs sont exterminés dans l'Europe asservie par le nazisme, des bateaux chargés de Juifs, refoulés par les Anglais de Palestine, sombrent en Méditerranée ou en mer Noire ; que l'on ne bombarde pas les voies ferrées menant aux camps de concentration et que le Vatican, la plus éminente instance de la chrétienté, reste silencieux, même lorsque les nazis entraînent vers Auschwitz les familles juives de Rome. De 1942 à 1945, on n'assiste pas à un effort interallié organisé et efficace pour sauver le peuple juif martyrisé.

Les nazis s'en rendent parfaitement compte. Citons Josef Goebbels, le ministre de la Propagande du IIIe Reich : « Il est curieux de constater que les pays dont l'opinion publique s'élève en faveur des Juifs refusent toujours de les accueillir. Ils disent que ce sont des pionniers de la civilisation, des génies de la philosophie et de la création artistique, mais, lorsqu'on veut leur faire accepter ces génies, ils ferment leurs frontières. Non, nous n'en voulons pas. »

Cependant, la volonté des Alliés de réprimer les crimes de guerre s'exprime de plus en plus solennellement. Le 27 avril 1942, les gouvernements anglais, américain et soviétique affirment que le châtiment de ces crimes est « un des buts majeurs de la guerre ». Le 30 octobre 1943, la déclaration de Moscou, souscrite par Churchill, Roosevelt et Staline, stipule que « le problème des criminels de guerre dont les crimes ne sont pas en relation avec un point géographique déterminé sera résolu par une décision commune des gouvernements alliés » et que « les trois puissances alliées poursuivront les criminels de guerre jusque dans les régions les plus reculées de la terre et les remettront à leurs accusateurs pour que justice soit faite ».

La compilation systématique de renseignements menée par l'Agence juive a facilité le travail de la Commission internationale pour l'élaboration de la question de la responsabilité des principaux criminels de guerre, établie à Londres. Dès juin 1945, 570 fiches détaillées offrent, sur chacun de ces criminels, des informations personnelles, leur description physique, les actes commis et les sources d'information. Ces précieux renseignements sont envoyés à l'Agence juive de Londres pour appuyer la demande de nomination de représentants du peuple juif comme membres de la Commission internationale sur les crimes de guerre – demande à laquelle il n'est pas donné suite.

Réunie en juin 1945, cette commission élabore l'accord de Londres du 8 août 1945 en vue de la poursuite et du châtiment des principaux criminels de guerre de l'Axe en Europe. Ce texte prévoit la création d'un tribunal militaire international – le futur tribunal de Nuremberg – en zone d'occupation américaine. Il définit également, dans son article 6, les trois catégories de crimes que cette juridiction aura à examiner : les crimes contre la paix, les crimes de guerre et les crimes contre l'humanité. La définition des crimes contre l'humanité, dont le crime antijuif a été l'exemple le plus significatif, est la suivante : « L'assassinat, l'extermination, la réduction en esclavage, la déportation et tout acte inhumain commis contre toutes les populations civiles, avant ou pendant la guerre, ou bien les persécutions pour des motifs politiques, raciaux ou religieux, lorsque ces actes ou persécutions, qu'ils aient constitué ou non une violation du droit interne du pays où ils ont été perpétrés, ont été commis à la suite de tout crime entrant dans la compétence du tribunal ou en liaison avec ce crime [...] Les dirigeants, organisateurs, provocateurs ou complices qui ont pris part à l'élaboration ou à l'exécution d'un plan concerté ou d'un complot pour commettre l'un quelconque des crimes ci-dessus définis sont responsables de tous les actes accomplis par toute personne en exécution de ce plan. »

Le procès de Nuremberg

La définition des crimes contre l'humanité est alors nouvelle et positive : pour la première fois, les crimes de droit commun commis contre la personne humaine au nom de la raison d'État vont être réprimés en la personne des dirigeants qui les ont conçus et ordonnés. Aussi le grand procès de Nuremberg est-il dominé par cette notion de crime contre l'humanité, tant dans les actes officiels que dans les débats. Mais il semble que, pendant le déroulement des centaines d'audiences, les chefs d'accusation détaillés concernant le supplice et le massacre des Juifs se délitent dans une espèce de confusion. Peu d'observateurs saisissent à quelle lacune est exposé le procès de l'hitlérisme si le problème juif n'y garde pas, rassemblé, sa valeur de pièce maîtresse qui, par ses affreuses conséquences, distingue le nazisme de toutes les autres idéologies.

Il fallait une volonté juive et un porte-parole juif. C'est à Chaïm Weizmann, devenu plus tard le premier président d'Israël, qu'échoit ce rôle, mais, finalement, il se heurte à un refus poli. Citons un extrait de sa lettre au procureur général américain Jackson en octobre 1945 : « J'ai vivement apprécié votre intention de me permettre de présenter l'aspect juif de cette terrible mise en accusation. » Et voici la réponse, trois mois plus tard, du procureur général : « En fin de compte, nous avons pu réunir sur la persécution des Juifs une documentation tellement complète et tellement terrible que le témoignage d'un Juif à ce sujet pourrait avoir un effet contraire. Les documents nazis sont si froidement cruels et si complets au sujet de l'intention d'exterminer les Juifs, si détaillés [...] La force de ces documents provient de ce qu'il n'y a pas de doute sur leur authenticité ou sur la vérité de leur terrible teneur. Il n'est pas possible de prétendre qu'ils sont teintés par la soif de vengeance. Je suis convaincu que, pour la future position des Juifs en Europe, il est préférable de construire notre accusation de cette manière, plutôt que de l'étayer par des témoignages qui seraient vulnérables aux attaques. »

Du 20 novembre 1945 au 1er octobre 1946 se tient donc, à Nuremberg, le procès intenté par les puissances alliées contre vingt-quatre des principaux responsables du IIIe Reich, accusés de complot, crimes contre la paix, crimes de guerre et crimes contre l'humanité.

Au passage, je tiens à tordre le coup à une idée reçue : non, le crime commis contre le peuple juif n'est pas passé sous silence à Nuremberg. Il est évoqué par le biais de pièces à conviction, de trop rares témoins juifs et de quelques films bouleversants : Mais, c'est vrai, il n'est pas au centre des délibérations. Aucun réquisitoire n'est présenté au nom du peuple juif et personne n'est invité à la barre pour parler clairement et fortement au nom des Juifs dont les survivants, à cette même époque, restent dans les camps, sur les lieux de leur calvaire, ou essaient, malgré les Anglais, de rallier la Palestine.

Les procureurs des quatre délégations se répartissent les réquisitoires et le travail. Les crimes contre les Juifs ont été commis, soit en Allemagne avant la guerre (ce sont les procureurs américains qui en sont chargés), soit durant les hostilités dans les territoires occupés par l'Allemagne. Pour ceux-là, les plus importants, les procureurs français et soviétiques se présentent devant le tribunal, non seulement au nom de leurs peuples, mais encore au nom de ceux des territoires occupés de l'Ouest en ce qui concerne la France (Luxembourg, Belgique, Hollande, Danemark, Norvège) ou de l'Est en ce qui concerne l'Union soviétique (Tchécoslovaquie, Pologne, Hongrie, Bulgarie, Yougoslavie, Roumanie et Grèce).

Sept condamnés à mort voient établies leurs responsabilités individuelles dans l'extermination des Juifs : le ministre de l'Air Hermann Göring, le ministre des Affaires étrangères Joachim von Ribbentrop, le chef de la sécurité du Reich Ernst Kaltenbrunner, le ministre aux Territoires occupés de l'Est Alfred Rosenberg, le gouverneur général de Pologne Hans Franck, le protecteur de Bohême-Moravie Wilhelm Frick, le théoricien antisémite Julius Streicher et le gouverneur des Pays-Bas Arthur Seyss-Inquart. Ribbentrop, par exemple, est jugé responsable de crimes contre l'humanité pour avoir joué un rôle important dans la Solution finale de la question juive et « participé à l'application de méthodes criminelles, incluant en particulier celles qui ont abouti à l'extermination des Juifs ».

Le procès de Nuremberg a marqué durablement les esprits par la volonté de ses organisateurs de rassembler une gigantesque documentation sur le régime hitlérien, la guerre d'oppression, les crimes de guerre et les crimes contre l'humanité, ainsi que par leur désir de mettre ces informations à la disposition de tous. Ils ont rendu un service éminent à la justice, bien sûr, mais aussi à l'histoire.

La condamnation des « grands criminels de guerre » par le tribunal de Nuremberg s'insère dans l'ensemble de la répression internationale de la criminalité nazie. La loi n° 10, promulguée le 20 décembre 1945 par le Conseil de contrôle interallié, permet en effet aux tribunaux militaires, dans les quatre zones d'occupation, d'inculper un grand nombre d'individus pour les mêmes chefs d'accusation que ceux retenus à Nuremberg. En zone américaine, par exemple, des tribunaux militaires jugent des gardiens de divers camps de concentration. Au total 1 941 accusés, dont 1 517 sont condamnés. La peine capitale est prononcée à l'encontre de 324 d'entre eux, dont environ le quart est pendu ; 367 gardes sont acquittés.

Surtout, les tribunaux militaires américains, sous l'impulsion de leur procureur, le général Telford Taylor, font comparaître certains des principaux responsables de l'État nazi au fil de douze procès qui se déroulent, eux aussi, à Nuremberg, de décembre 1946 à avril 1949. Parmi les accusés figurent des généraux du haut commandement, des diplomates, des juristes, des fonctionnaires, les dirigeants des entreprises IG-Farben et Krupp, des médecins, des chefs SS et des responsables des Einsatzgruppen. Sur les 184 accusés, cadres supérieurs du crime sous toutes ses facettes, 35 sont acquittés et 24 écopent d'une condamnation à mort, dont 12 sont exécutés.

Les tribunaux militaires britanniques mènent également d'importants procès. Citons notamment celui du maréchal Kesserling qui n'a pas lieu en Allemagne, mais à Venise, parce qu'il a dirigé la Wehrmacht en Italie ; le procès du maréchal Erich van Manstein ; ceux des gardiens des camps de Bergen-Belsen et de Neuengamme. Au total, sur 1 085 accusés, 240 sont condamnés à mort et la majorité d'entre eux est exécutée.

Les tribunaux militaires français en Allemagne, eux, ont à juger 2 107 personnes dont 104 écopent de la peine capitale. À ma connaissance, un seul est exécuté : Robert Wagner, qui a gouverné l'Alsace annexée au IIIᵉ Reich.

Quant aux Soviétiques, le respect des procédures n'est pas leur souci majeur. Ils arrêtent et condamnent, avec ou sans procès, un nombre très important d'Allemands dans leur zone d'occupation : entre 10 000 et 15 000 personnes, dont beaucoup meurent en prison ou dans des camps.

Mais, entre les verdicts et l'exécution de la peine, la guerre froide s'installe en Europe. C'en est fini de la traque organisée des criminels nazis. Pire : nombre d'entre eux bénéficient d'une mansuétude nouvelle. La révision des douze procès de Nuremberg est menée par le commandant suprême américain, le général Clay. Plus tard, une commission mixte germano-américaine de grâce est instituée. Les criminels nazis en sont les principaux bénéficiaires : les pardons se multiplient et les peines fondent comme neige au soleil – vingt-cinq ans de travaux forcés se muant généralement en cinq années de prison, même pour les pires tueurs. De nombreux exterminateurs de masse et, parmi eux, des dirigeants des Einsatzgruppen, d'abord condamnés à mort, purgent finalement moins de huit ans de prison…

Pendant ce temps, tous les efforts des communautés juives dans le monde sont dirigés vers la lutte politique pour la création de l'État d'Israël et, plus tard, vers la lutte pour l'indépendance et la survie de cet État. Aussi, pour mener à bien la répression du crime antijuif, une volonté juive collective fait-elle défaut en cette période d'affrontement entre les blocs idéologiques, où les bourreaux nazis comprennent qu'ils peuvent relever la tête et où l'opinion publique se désintéresse rapidement de l'effroyable passé représenté par la Shoah.

Justices nationales

La justice interalliée n'a pas été la seule à l'œuvre, car les pays victimes de l'agression et de l'occupation par les nazis traînèrent devant leurs tribunaux militaires les criminels de guerre allemands pour les faire répondre des forfaits commis sur leur territoire national. Leurs tribunaux pénaux, réguliers ou d'exception, jugèrent également les nationaux qui avaient participé à ces crimes.

La répression la plus large des crimes nazis a été, de fait, conduite par ces justices nationales. Dans chaque État libéré ou reconstitué, elle s'est exercée contre de nombreux nationaux et, en particulier, contre les dirigeants de ces pays qui s'étaient associés aux crimes du régime hitlérien ou en avaient pris eux-mêmes l'initiative : le maréchal Ion Antonescu, chef de l'État roumain, et son Premier ministre, Mihai Antonescu ; les Premiers ministres hongrois de l'occupation allemande, Döme Sztojay et Ferenc Salaszi ; le président de la République slovaque, Mgr Josef Tiszo ; le chef du gouvernement norvégien Vidkun Quisling, en France, le chef du gouvernement Pierre Laval et le chef de l'État Philippe Pétain.

À l'Est, l'attitude des justices nationales vis-à-vis des criminels antijuifs fut, sans aucun doute, plus proportionnée à l'horreur des crimes commis par les nazis, surtout en Pologne. Les anciens déportés à Auschwitz ont pu comparer les verdicts indulgents du tribunal de Francfort, en 1965, à l'encontre de vingt-deux de leurs anciens bourreaux aux sentences dont ont écopé les quarante sentinelles de ce camp qui durent répondre de leurs crimes devant la cour suprême de Pologne. Tous, sauf un, furent condamnés à la peine capitale (et exécutés) ou à la détention perpétuelle.

En République démocratique allemande, par exemple, un des médecins sélectionneurs d'Auschwitz, le Dr Horst Fischer, fut fusillé en 1966. En revanche, son confrère le Dr Franz Lucas, qui avait accompli la même besogne macabre, a été condamné, à Francfort, à trois ans de prison... Cette légère peine fut même annulée par la cour fédérale qui a estimé ne pouvoir prouver si Lucas croyait vraiment, comme il l'affirmait, qu'il aurait été tué, lui aussi, s'il avait refusé ce travail de sélection. Et cela, alors que la cour reconnaissait que Lucas ne courait pas, objectivement, ce risque.

Les justices nationales se sont également exercées contre des nationaux allemands, coupables de crimes dans ces États, qui ont été arrêtés sur leur sol ou extradés par les pays qui les détenaient. C'est ainsi que la Pologne a jugé et exécuté plusieurs chefs de camps d'extermination, tel Rudolf Hoss, commandant du camp d'Auschwitz-Birkenau et un certain nombre d'autres criminels ; tel Amon Göth, commandant du camp de Plaszow ; tel le général SS Jürgen Stroop qui avait réprimé la révolte du ghetto de Varsovie ; tel le gouverneur de Varsovie Ludwig Fischer et le Gauleiter de Prusse orientale Erich Koch. Au total, la Pologne a jugé plus de 5 000 Allemands. C'est ainsi également que Dieter Wisliceny, membre de l'équipe d'Eichmann et responsable de la déportation des Juifs de Slovaquie, a été jugé et pendu à Bratislava.

Les tribunaux belges ont condamné 75 Allemands, les Hollandais, 204, le Luxembourg, 68, le Danemark, 80, la Norvège, 80. En France, les tribunaux militaires, sur la base de l'ordonnance du 29 août 1944, ont jugé les Allemands criminels de guerre présumés, civils et militaires, ayant commis en France ou à l'étranger des crimes à l'encontre de citoyens français ; 1 918 Allemands ont été jugés contradictoirement et 956 verdicts délivrés par contumace.

Parmi les principaux condamnés figuraient Otto Abetz, l'ambassadeur allemand, Karl Oberg, le chef des SS et de la police allemande, Helmut Knochen, le chef de la police de sûreté et du service de sécurité pour la France. Seule une poignée de ces criminels allemands fut exécutée et les derniers d'entre eux furent libérés en 1962, un an avant la signature du traité d'amitié franco-allemand par Charles de Gaulle et Konrad Adenauer.

La France d'après-guerre

En France, ou plutôt dans les territoires libérés de l'empire français, la répression a débuté dès juillet 1943 avec une ordonnance créant un tribunal militaire d'armée chargé de juger les crimes commis dans des camps d'internement du sud de l'Algérie. Le 20 octobre 1943, une nouvelle ordonnance a étendu la compétence de ce tribunal devenu « tribunal militaire d'armée de compétence particulière ». Cette « compétence particulière » visait les crimes contre la sûreté de l'État commis par les membres de l'organisme se disant gouvernement de l'État français, ainsi que ceux commis par tous ses hauts fonctionnaires et généraux. C'est ce tribunal qui jugera dans un premier procès, en février 1944, les tortionnaires du camp d'Adjerat coupables d'avoir mis à mort des internés étrangers, dont une proportion importante de Juifs. C'est ce tribunal, également, qui jugera et condamnera à mort, au printemps 1944, Pierre Pucheu, secrétaire d'État à l'Intérieur du gouvernement de Vichy de 1941 à 1942, responsable à ce titre, d'avoir pris part au choix d'otages fusillés par les Allemands.

En métropole, dès la Libération, se sont multipliés à travers la France les cours martiales, tribunaux spéciaux, tribunaux militaires extraordinaires et tribunaux populaires – des juridictions d'exception, improvisées ou bien créées par les arrêtés des commissaires de la République ou des préfets. Pendant cette période confuse, nombreux, sans doute, furent les hommes et les femmes victimes d'une répression souvent aveugle, sans recours et immédiatement exécutoire.

Puis ce furent aux cours de justice, aux chambres civiques et à la Haute Cour de justice de juger des dizaines de milliers de personnes. C'est ainsi que fut jugée et condamnée la plupart des dirigeants de Vichy, le chef de l'État Philippe Pétain, le chef du gouvernement Pierre Laval, d'autres collaborateurs tels Fernand de Brinon, Jacques Benoist-Méchin ou Joseph Darnand, ainsi que des militaires comme le général Henri Dentz et l'amiral Jean-Pierre Esteva.

Deux condamnations à mort furent prononcées, celles des principaux dirigeants politiques, Pierre Laval et Philippe Pétain – ce dernier fut d'ailleurs gracié. Dans ces condamnations, la politique antijuive de Vichy et le concours prêté aux nazis pour l'arrestation et la livraison des Juifs ont joué un rôle important.

Mais la justice fut beaucoup plus indulgente pour les agents du gouvernement de Vichy, en particulier pour les plus hauts responsables de sa police qui géraient directement le « problème juif ». René Bousquet, par exemple, secrétaire général à la police, fut condamné en 1949 à cinq ans de dégradation nationale. Une peine légère dont il fut immédiatement relevé pour « avoir participé de façon active et soutenue à la résistance contre l'occupant ». Admettons que ces faits de résistance aient été authentiques. Plus authentique, encore, a été l'arrestation en zone libre, conformément aux instructions détaillées de Bousquet, des dizaines de milliers de Juifs étrangers qui furent livrés avec leurs enfants français aux nazis dans des conditions abominables et déportés à Auschwitz.

Ce sont aussi les hauts fonctionnaires de police, les représentants de Bousquet en zone occupée, qui organisèrent avec les SS la rafle du Vél' d'Hiv le 16 juillet 1942. Peut-être Bousquet était-il ravi, comme le régime antisémite qu'il servait de son mieux, de se débarrasser des Juifs étrangers dont il disait qu'« ils avaient fait tant de mal à la France » ; peut-être n'en était-il pas ravi... Ce qui est certain, en tout cas, c'est qu'il a fait ce travail répugnant, alors qu'il pouvait y échapper en démissionnant. Il en va de même pour les hauts fonctionnaires de la préfectorale et de la police française qui ont été parmi les acteurs principaux de ce drame effroyable – ce qui ne les a pas empêchés de finir paisiblement leur carrière sous la IVe et la Ve République.

Si la pression de la France sur l'Espagne a été assez forte pour que Madrid oblige Laval à rentrer en France, elle a été, en revanche, notoirement insuffisante pour obtenir le même résultat en ce qui concerne l'odieux commissaire général aux Questions juives du régime de Vichy, Louis Darquier de Pellepoix. Quant à Xavier Vallat, son prédécesseur au même poste, il fut condamné à dix ans de prison (qu'il ne purgea pas), alors qu'il avait forgé contre les Juifs un instrument de persécution très efficace. Leurs principaux collaborateurs du commissariat aux Questions juives s'en tirèrent, eux aussi, sans grand dommage. Nous avons le droit d'affirmer que le crime antijuif en France a été puni avec beaucoup moins de sévérité que bien d'autres crimes, en dépit du nombre considérable de victimes qu'il a faites.

En fin de compte, à ma connaissance, le seul homme jugé et fusillé en France pour avoir agi contre les Juifs était un Juif lui-même, Oscar Reich, ancien footballeur viennois qui, arrêté en France et interné à Drancy, avait prêté main forte aux SS.

Les années qui suivirent cette vague de procès, de 1948 jusqu'à 1960, furent marquées par le désintérêt à l'égard de la Shoah. En Allemagne, Hans Globke, le directeur de la Chancellerie fédérale et éminence grise de Konrad Adenauer, avait été le commentateur officiel des lois raciales du IIIe Reich. Certains des membres de l'équipe d'Eichmann réapparaissaient outre-Rhin sans être inquiétés. Les seuls d'entre eux qui furent jugés, condamnés à mort et exécutés, l'ont été avant la guerre froide. Il s'agit de Dieter Wisliceny qui avait opéré en Grèce, en Hongrie et en Tchécoslovaquie, et qui fut pendu à Bratislava, et de l'Autrichien Anton Brunner, responsable de la déportation des Juifs de Vienne, qui fut jugé dans cette ville en 1946 par le Tribunal populaire où l'influence communiste était forte. Eichmann, le maître d'œuvre de la Solution finale, ne fut même pas jugé par contumace à Nuremberg.

Mais cette période 1948-1960 n'a pas été infructueuse, car elle a permis aux survivants des camps et aux historiens juifs de faire la lumière sur les criminels de la Solution finale. Les centres de documentation juive se créèrent ou se développèrent à Paris, Londres, Varsovie, Vienne, Jérusalem, Milan et New York. Les considérables archives nazies furent exploitées. La connaissance de la Solution finale s'affinait.

En Allemagne, le Dr Josef Mengele, l'implacable médecin d'Auschwitz aux folles expériences sur les jumeaux, sentit d'ailleurs le vent tourner. Jusqu'en 1951, il avait exercé sa profession en Bavière sans être le moins du monde inquiété. Le retentissement des récits des survivants qui le dépeignaient dans toute son horreur l'obligea à s'enfuir en Amérique du Sud. La République fédérale d'Allemagne allait commencer à s'intéresser à la Shoah.

Véritable suite du procès de Nuremberg, celui d'Adolf Eichmann, l'architecte de la Solution finale à la question juive, a donné un formidable coup d'accélérateur à la justice. Pour que s'effectuât une réelle prise de conscience, il était en effet indispensable de mieux éclairer l'opinion publique internationale. Quinze ans après Nuremberg, le procès de Jérusalem a très efficacement joué ce rôle en faisant comprendre la tragédie juive dans toute son ampleur.

Faut-il y voir un signe ? Le 11 mai 1960, jour du rapt d'Eichmann par les services spéciaux israéliens à Buenos Aires, fut aussi celui de notre première rencontre, Beate et moi, à la station de métro Porte-de-Saint-Cloud, qui est encore la nôtre un demi-siècle après. J'avais alors 24 ans, elle, 21. J'étais un étudiant désargenté qui avait pour unique ambition de devenir professeur d'histoire. Je vivais seul avec ma mère, lectrice de russe, dans un petit appartement avenue de Versailles. Beate, elle, était secrétaire à Berlin, sa ville natale, et passait quelques mois à Paris comme jeune fille au pair pour apprendre le français. Pourtant, nous n'avons pas attaché une importance particulière à cette date car, à l'époque, nous ne mesurions pas précisément le rôle essentiel joué par Eichmann pendant la guerre.

Parce que le reste du monde avait trop vite oublié la tragédie dont le peuple juif avait été victime, Israël décida de juger celui qui représentait l'archétype des criminels de l'action antijuive : Adolf Eichmann, le chef du service des affaires juives du Reich. Sa présence à Buenos Aires était un secret de polichinelle. Dans cette ville peuplée de nombreux Juifs, Eichmann ne se cachait guère. Il n'avait pas changé de visage, simplement de nom : il vivait sous le pseudonyme de Riccardo Klement. Ce qui ne l'avait pas empêché d'épouser sa propre femme, Vera Eichmann, ni d'enregistrer leurs deux fils à l'ambassade allemande sous le patronyme de... Klement-Eichmann. L'ambassade israélienne

– et elle n'était pas la seule – recevait régulièrement des appels dénonçant la présence d'Eichmann à Buenos Aires.

Il n'existait pas alors de justice internationale compétente dans ce domaine. Quant à l'organisation policière internationale Interpol, elle était dirigée à l'époque par un ancien officier SS déserteur, Paul Dickopf. Seule la RFA pouvait agir légalement. Pas Israël, dans la mesure où l'État juif n'avait été créé qu'après la guerre…

Face à l'inertie allemande, Israël se résolut alors à intervenir illégalement en enlevant Eichmann alors qu'il se préparait à prendre le tramway pour rejoindre son bureau. L'État d'Israël était ainsi le seul à tenir la promesse faite par les gouvernements alliés à Moscou en 1943 : celle de poursuivre les auteurs de crimes contre l'humanité jusqu'au bout de la terre.

En dépit, ou à cause, de l'irrégularité de la capture d'Eichmann, son procès a connu un immense retentissement judiciaire, historique et mémoriel, et il a représenté un véritable point de départ pour une nouvelle quête de justice à l'encontre du crime nazi, en particulier du génocide perpétré contre les Juifs. À Nuremberg, les Juifs, considérés comme « partiaux », n'avaient pas eu la parole, ni comme accusateurs officiels, ni comme victimes, ni comme témoins. On avait beaucoup parlé d'eux, mais « objectivement » seulement, en citant des documents allemands. Le procès de Jérusalem fut mené par des Juifs contre le maître d'œuvre de la Solution finale. Victimes, témoins, accusateurs et juges étaient Juifs. Seuls les avocats de la défense ne l'étaient pas.

En 1961, les Juifs d'Israël pouvaient décider par eux-mêmes, contrairement à ce qui s'était passé à Nuremberg. Le procureur Gideon Hausner choisit de faire reposer le procès sur deux piliers : les pièces à conviction rassemblées soigneusement à travers le monde par une équipe compétente ; les dépositions des témoins, cent douze au total, qui, personnalités dissemblables ayant vécu des expériences différentes, ont donné une image éloquente de la Shoah dans ses multiples dimensions.

Eichmann ne fut pas seul, en réalité, dans le box des accusés. Démontant la machinerie qui extermina six millions de Juifs, le procureur Hausner a déclaré dans son réquisitoire : « Ses complices ne furent pas des gangsters ou des gens du milieu, mais des chefs de la nation, parmi lesquels se trouvaient des professeurs et des savants, des dignitaires et des diplômés de l'université, des polyglottes, des gens cultivés, ceux qu'on appelle l'élite intellectuelle. Nous les rencontrons, ces médecins, ces avocats, ces professeurs, ces banquiers, ces économistes, dans les conseils d'où partit l'ordre d'exterminer les Juifs. Ils figurent aussi parmi les meneurs et les organisateurs de cette effroyable entreprise de meurtre. »

Certes, Eichmann n'était pas un dirigeant politique. Mais le rôle qu'il avait joué dans l'extermination des Juifs était, sans aucun doute possible, au premier plan de cette activité bestiale. Car il ne suffit pas de lancer des idées et d'élaborer des programmes et des plans. Il faut que ces projets soient mis à exécution, qu'ils soient traduits dans la réalité et incarnés dans l'action. Eichmann fut le très consciencieux et très implacable exécutant des plans d'extermination des Juifs. Il fut plus encore. Il fit preuve d'une ténacité machiavélique pour s'opposer à toute atténuation possible de l'extermination et pour accroître l'ampleur des massacres. Eichmann ne se contentait pas, non plus, de donner des ordres depuis son bureau berlinois. Il se déplaçait d'un bout à l'autre de l'Europe, là où l'on arrêtait les Juifs, là où on les mettait à mort.

L'impéritie de l'Allemagne

La valeur historique et éducative du procès Eichmann a été immense. On s'est rendu compte alors que les Allemands n'avaient presque rien fait eux-mêmes pour punir les architectes de la Solution finale, ceux-là mêmes dont les noms avaient été évoqués à Jérusalem. Pourtant, 90 % des criminels nazis se trouvaient en Allemagne ou en Autriche...

De 1949 à 1970, les tribunaux allemands, peuplés de nombreux magistrats au passé nazi, ont battu des records de lenteur et d'indulgence à l'égard des criminels de guerre. Ils ont multiplié les instructions interminables qui se finirent par des non-lieux, les procès interrompus par la santé prétendument défaillante des accusés, les demandes d'extradition délivrées au compte-gouttes et négociées si lentement qu'elles permettaient au criminel visé de prendre toutes ses dispositions pour quitter le pays qui l'hébergeait. Sur plus de 80 000 instructions, 6 425 criminels seulement ont été condamnés, dont 151 à la prison à vie. Les sentences furent, le plus souvent, bien clémentes. Et beaucoup de condamnés n'eurent même pas à purger leur peine, car ils furent jugés médicalement inaptes à la détention. Quant à leurs défenseurs, encouragés par des magistrats trop laxistes, ils ont usé de multiples manœuvres et maltraité les témoins juifs.

La loi n° 10 du Conseil de contrôle allié du 20 décembre 1945, dans son article III, stipulait que les auteurs de crimes contre des citoyens allemands ou des apatrides pouvaient être jugés par des tribunaux allemands après autorisation des autorités d'occupation. À partir de l'année 1951, les tribunaux de la République fédérale eurent à juger sur la base de leur code pénal. Cela coïncidait avec la fin des procédures de dénazification, le retour à leurs postes des fonctionnaires révoqués en 1945, la libération par les Alliés, après quelques années de prison, de nombreux criminels nazis condamnés à de lourdes peines et le réarmement de la République fédérale dans le contexte de la guerre froide.

Après les accords de Paris d'octobre 1954 mettant fin au statut d'occupation et leur entrée en vigueur en mai 1955, les tribunaux allemands eurent pratiquement les mains libres. Avec une exception majeure, toutefois : si le cas d'un criminel avait déjà été traité par les autorités judiciaires des Alliés, la justice allemande ne pouvait être compétente pour les mêmes faits.

En 1958, les ministres de la Justice des Länder allemands décidèrent de mettre en place, à Ludwigsburg, un organisme chargé de mener des enquêtes préliminaires sur les crimes de guerre du IIIᵉ Reich : c'était la naissance de l'Office central pour l'élucidation des crimes nazis, dont le travail devait alimenter la justice et lui permettre de mettre en accusation les coupables.

Une vingtaine de procédures par an furent ouvertes. Sous la pression de l'opinion publique internationale, la prescription fut repoussée deux fois : une première fois, en 1965, jusqu'en 1969, soit vingt ans après la création de la RFA ; une seconde fois, en 1969, jusqu'en 1979. À cette date, le Parlement allemand décida qu'il y aurait imprescriptibilité pour les assassinats accompagnés d'actes de barbarie ou motivés par la haine raciale, notamment. Une catégorie qui englobait donc les crimes commis dans le cadre de la Solution finale de la question juive.

Dans les années 1960, la RFA n'est pas restée totalement inactive. Elle a jugé, à Munich, les responsables de la déportation des cent mille Juifs des Pays-Bas, Wilhelm Harster et Wilhelm Zoepf. Elle a organisé également des procès groupés de tueurs des Einsatzgruppen ; de diplomates spécialistes de la question juive, comme Franz Rademacher ; d'auteurs de pseudo-expériences médicales tel le Dr Horst Schumann ; de commandants de camp d'extermination, comme Franz Stangl. À Düsseldorf ont comparu des SS dirigeants du camp de Treblinka.

Le travail de l'Office central pour l'élucidation des crimes nazis déboucha sur le procès de Francfort, de 1963 à 1965, au cours duquel vingt-deux SS, membres de l'encadrement d'Auschwitz-Birkenau, durent répondre de leurs actes. Des hommes comme Robert Mulka, Oswald Kaduk, Wilhelm Boger, Stefan Baretzki et Pery Broad dont les noms réveillaient d'atroces souvenirs chez les déportés survivants. Quelques médecins responsables de la sélection des Juifs à leur arrivée au camp, comme le Dr Franz Lucas, furent jugés, eux aussi.

Par ce procès, baptisé « procès d'Auschwitz », la République fédérale voulait prouver qu'elle n'était pas indifférente à la tentative de détruire le peuple juif et qu'elle était capable de demander, elle-même, des comptes à certains des responsables. Mais les audiences soulevèrent de nombreuses questions qui pouvaient se poser pour bien d'autres criminels nazis. Comment se faisait-il que les assassins d'Auschwitz aient été découverts seulement après 1960, alors qu'ils vivaient tous, sauf un, sous leurs véritables identités ? N'y avait-il pas, avant 1963, des preuves et des témoignages suffisants pour arrêter les coupables ?

Le déroulement du procès de Francfort, largement couvert par la presse internationale, a montré que les accusés n'avaient pas le sentiment d'être rejetés par leur peuple, mais d'être les victimes de manœuvres politiques. Leurs déclarations étaient impudentes. Leurs avocats accusaient les témoins survivants des camps de mentir et de diffamer l'Allemagne. Cet immense crime racial commis à Auschwitz était dénaturé par la façon dont était conduit ce procès.

L'Office central pour l'élucidation des crimes nazis, à Ludwigsburg, s'est contenté d'être le porte-parole d'une justice allemande critiquée. Jamais il n'a joué réellement le rôle d'aiguillon qu'il aurait pu tenir si tel avait été le but de ses créateurs ou la volonté de ses dirigeants. C'est ainsi que l'Allemagne s'est évité certains des grands procès historiques de la Solution finale : pas de procès pour Walter Best, le créateur, avec Heydrich, des commandos spéciaux d'extermination ; pas de procès pour Horst Wagner, chargé, aux Affaires étrangères, de lever les obstacles diplomatiques à la déportation de nombreuses catégories de Juifs ; pas de procès pour Theodor Ganzenmüller, le sous-secrétaire d'État aux Transports, qui a fourni à Eichmann les sinistres trains de la mort dont le chargement humain était livré aux grands abattoirs de Pologne, d'Auschwitz à Treblinka, Sobibor, Chelmno et Maidanek.

Tous les accusés n'étaient pas logés à la même enseigne. Prenez Franz Stangl, qui avait dirigé les camps de Sobibor et de Treblinka. Arrêté au Brésil en 1967 et extradé, il fut condamné à la réclusion à perpétuité en 1970. Mais Stangl ne faisait pas partie de la bonne société allemande. D'origine modeste, il était Autrichien. Et, circonstance aggravante, il s'était enfui en Amérique du Sud. À l'inverse, le Dr Horst Schuhmann, le médecin qui stérilisait et castrait les Juifs à Birkenau, a été extradé du Ghana, mais il n'a pas été jugé car la justice allemande l'a estimé inapte à subir physiquement son procès. Une santé défaillante qui lui a tout de même permis de vivre encore quinze ans, libre, dans la banlieue résidentielle de Francfort, et d'aller régulièrement skier en Italie. Peut-être la RFA n'avait-elle guère envie que son procès devienne celui des médecins allemands serviteurs du Reich...

Cependant, quelques Allemands ont eu la lucidité de comprendre la nécessité des procès. C'est le cas du ministre de la Justice, Ernst Benda, qui déclarait déjà en 1969 : « J'insiste sur le fait que le peuple allemand n'est pas un peuple de criminels et qu'on doit donner à ce peuple la possibilité de ne pas s'identifier avec ces criminels. Ce peuple doit être libéré de ces criminels, ou exprimé plus clairement, ce peuple doit se libérer lui-même de ces criminels. » Quelques années plus tard, son successeur Horst Ehmke eut ces mots : « Nous ne pouvons pas laisser impunis les criminels nazis qui, de leurs bureaux, ont organisé la mort de milliers d'êtres humains, ni les sadiques qui ont exécuté ces ordres, éprouvé un macabre plaisir en agissant ainsi et usé leur imagination à inventer des supplices. »

Pourtant, en décembre 1966, le chrétien-démocrate Kurt Georg Kiesinger a été élu chancelier de la RFA, à la tête d'une grande coalition entre la droite et la gauche. En lisant *Le Figaro* un matin, nous avons découvert, Beate et moi, qu'il avait été membre du parti nazi et directeur adjoint de la propagande radiophonique du IIIe Reich à destination de l'étranger. Pour Beate, ce fut un choc. Comment accepter que l'Allemagne soit dirigée par un ancien nazi ? Impossible ! La volonté première de mon épouse était d'épurer le personnel politique allemand des anciens nazis.

La campagne qu'elle a engagée contre Kiesinger, d'abord à coups de tribunes publiées dans la presse, lui a valu d'être renvoyée de l'Office franco-allemand pour la jeunesse, où elle travaillait comme secrétaire bilingue, en août 1967. C'est à ce moment-là que j'ai rendu visite à Simon Wiesenthal, à Vienne, pour la première fois. J'ai été surpris qu'il ne soit pas ébranlé par l'arrivée d'un ancien propagandiste hitlérien à la tête du gouvernement allemand. Comment pouvait-on poursuivre des criminels de guerre nazis quand le chancelier de la RFA lui-même avait été un fidèle zélateur du régime hitlérien ? Immédiatement, l'incompréhension s'est installée entre nous. Nous n'avions pas la même vision de la manière d'agir vis-à-vis des Allemands, ni les mêmes méthodes. Nous étions en total décalage. Cela s'est confirmé par la suite. Alors que Simon Wiesenthal entretenait de bonnes relations avec les dirigeants allemands, nous, nous allions en prison. Il est vrai, aussi, que nous opérions dans un domaine dont il était absent, puisque nous voulions régler les problèmes entre la France et l'Allemagne, puis entre la Belgique et l'Allemagne. Malgré nos divergences, je reconnais à Simon Wiesenthal l'immense mérite d'avoir été le seul, dans les années 1950 et 1960, à demander justice, à documenter les crimes nazis, à réunir des informations.

En février 1968, Beate s'est rendu au Bundestag, à Bonn. Pendant un discours du chancelier, elle a crié : « Kiesinger ! Nazi ! Démission ! » Bouleversé, Kiesinger s'est arrêté de parler... Beate n'en est pas restée là. Le 7 novembre 1968, jour de notre cinquième anniversaire de mariage, elle a réussi à se glisser dans la Kongresshalle de Berlin, où se tenait le congrès de la CDU, le parti chrétien-démocrate. Là, elle a giflé le chancelier Kiesinger.

L'an dernier, quarante-quatre ans après cet épisode, Beate était candidate à la présidence de la République fédérale... Beau symbole de l'évolution de l'Allemagne ! Une limousine nous a conduits à l'église où se déroulait une cérémonie religieuse œcuménique. Quand la chancelière Angela Merkel est arrivée, c'est Beate qu'elle a saluée en premier.

La « méthode Klarsfeld »

La plupart des criminels nazis qui avaient sévi en France sont repartis dans leur pays après la guerre. Dans la période 1945-1954, ils ont vécu dans la clandestinité, parfois sous des faux noms, ou en prison. Avec les accords de Paris, signés en octobre 1954, l'Allemagne a recouvré une grande partie de son indépendance. Mais ce traité international était assorti de protocoles, car la France a voulu prendre des précautions. Si les Allemands retrouvaient des criminels, comment les jugeraient-ils, alors que leurs tribunaux fourmillaient d'anciens nazis ? Paris leur a donc interdit de juger les affaires non classées, c'est-à-dire les criminels encore visés, dans l'Hexagone, par des procédures ou condamnés par contumace.

Quelque temps après, des camions de transport Lammerding ont commencé à sillonner la France. Heinz Lammerding, le général qui commandait la division SS Das Reich, responsable des massacres de Tulle et d'Oradour-sur-Glane en juin 1944, s'était, en effet, reconverti avec succès dans la logistique. La France a demandé son extradition. L'Allemagne l'a refusée puisque, en vertu de l'article 16 de la loi fondamentale de 1949, elle n'extrade pas ses nationaux. Et Lammerding, condamné par contumace en France, ne pouvait pas être jugé par les tribunaux allemands.

Paris a proposé à Bonn la signature d'une nouvelle convention judiciaire afin que la République fédérale soit en mesure de juger ce millier de criminels qui ne pouvaient pas être extradés vers la France, ni jugés en Allemagne puisque leurs dossiers, traités en France, n'avaient pas été classés. Ils étaient donc les seuls criminels nazis au monde à être assurés d'une totale impunité, même s'ils avaient commis des actes considérés comme des crimes contre l'humanité !

Les dirigeants chrétiens-démocrates ont repoussé la demande française. C'est le chancelier social-démocrate Willy Brandt qui, le 2 février 1971, a signé une nouvelle convention. Mais les députés libéraux, chrétiens-démocrates et chrétiens-sociaux refusaient absolument de ratifier cet accord dont l'application, pourtant, devait mettre fin au contentieux judicaire subsistant entre la France et l'Allemagne.

Et Paris semblait résigné à attendre... À ce moment-là, nous avons décidé, Beate et moi, de mener campagne pour arracher la ratification de cette convention. Nous en avons fait notre cause. L'un et l'autre, nous refusions que des criminels ayant déporté des Juifs vivent libres et respectés en Allemagne. Elle, parce qu'elle est Allemande. Moi, parce que j'appartiens à cette génération d'enfants devenus conscients pendant la guerre de leur condition de petits Juifs pourchassés par la Gestapo et la police de Vichy.

À deux, comment faire ? En raison de la disproportion des forces, nous avons choisi, comme nous l'avions fait avec Kiesinger, d'agir illégalement en Allemagne contre les criminels de guerre que nous démasquerions. Le monde entier devait savoir qu'un millier d'hommes, condamnés en France, vivaient paisiblement outre-Rhin, tels d'honnêtes citoyens. À travers des opérations susceptibles d'ébranler la conscience allemande et internationale, nous voulions violer spectaculairement, mais sans violence, les sacrosaintes lois de l'État. Nous étions déterminés à assumer la responsabilité de nos actes, à être arrêtés, emprisonnés et jugés afin d'atteindre un double objectif : obtenir, d'abord, l'appui des médias qui relateraient nos actions et nos motivations ; provoquer, ensuite, un électrochoc dans l'opinion qui verrait des militants honnêtes et respectables incarcérés alors que les grands criminels restaient libres faute de loi pour les juger. Nous étions décidés à poursuivre cet affrontement jusqu'à ce que la société politique allemande comprenne que les protecteurs des criminels étaient les vrais responsables de cette situation dangereuse, et pas nous.

Pour retrouver la trace des responsables de la Shoah, il nous a suffi, le plus souvent, d'éplucher les bottins téléphoniques, les états civils des mairies et les annuaires professionnels. C'est ainsi que nous avons localisé Hans-Dietrich Ernst, chef de la police nazie à

Angers, quatre fois condamné à mort par contumace, avocat et notaire à Leer, en Basse-Saxe. Nous avons identifié Heinrich Illers, devenu président du tribunal des affaires sociales du Land de Basse-Saxe à Celle. Chef de la Gestapo de Paris, rue des Saussaies, il fit partir de Compiègne, le 2 juillet 1944, le « train de la mort » dont 25 % des passagers, privés d'eau, ne survécurent pas au voyage. C'est lui, aussi, qui a donné l'ordre de départ du dernier convoi vers les camps de la mort, le 18 août 1944. Ernst Ehlers, chef de la police nazie en Belgique et dans le nord de la France, était, lui, magistrat au tribunal administratif du Land de Schleswig-Holstein ; Horst Laube, chef du département chargé des exécutions d'otages en France de 1941 à 1943, président du tribunal des affaires sociales du Land de Bade-Wurtemberg ; son successeur aux mesures de représailles, Karl Kubler, chef du département des transports au ministère de l'Économie du même Land. Nous avons également retrouvé Waldemar Ernst, chef de la police militaire en France, qui mena en décembre 1941 la rafle de sept cents notables juifs, dont beaucoup furent déportés à Auschwitz par le premier convoi parti de France, le 27 mars 1942. Il était désormais président des puissantes aciéries du Bade-Wurtemberg. Fritz Merdsche, chef de la police nazie à Orléans, et responsable du massacre des puits de Guerry où furent jetés vivants une quarantaine de Juifs en juillet 1944, était pour sa part devenu juge au tribunal de Francfort, puis rédacteur en chef au sein de l'une des principales revues juridiques allemandes. Rudolf Schmaeling, chef de la police nazie à Nancy, occupait un poste élevé dans la police, tout comme Karl Müller, chef de la Gestapo de Toulouse, qui dirigeait la brigade des mineurs de Celle, en Basse-Saxe. Le comte Modest von Korff, chef de la police nazie à Châlons-sur-Marne, officiait comme conseiller ministériel au ministère de l'Économie à Bonn. Je pourrais multiplier les exemples, mais ceux-ci suffisent à démontrer que de nombreux criminels de guerre nazis vivaient de l'autre côté du Rhin, en toute impunité.

Nos recherches nous ont également permis de retrouver la piste de trois hommes dont nous avons décidé de faire nos premières cibles. Ils s'appelaient Kurt Lischka, Herbert Hagen et Ernst Heinrichsohn.

Opération Lischka

Nous n'avions pas choisi Lischka, Hagen et Heinrichsohn par hasard. Ces hommes n'étaient pas des serviteurs lambda de la machine de mort nazie, mais trois des principaux responsables de la déportation des Juifs de France. Le lieutenant-colonel SS Kurt Lischka, chef du service des affaires juives de la Gestapo dans tout le Reich au moment de la Nuit de cristal, était le prédécesseur à ce poste d'Adolf Eichmann. Adjoint de Helmut Knochen, le chef de la police de sûreté et des services de sécurité pour la France, il supervisait l'action de la Gestapo dans l'Hexagone pendant l'Occupation.

Herbert Hagen, lui, avait été promu chef du bureau des affaires juives du service de sécurité à 24 ans, en 1937, et il avait formé ses deux adjoints, Adolf Eichmann, spécialiste des affaires sionistes, et Theodor Dannecker, en charge des Juifs assimilés. En France, le commandant SS Hagen était devenu le référendaire personnel et le « cerveau » du général Karl Oberg, chef des SS et de la police allemande. Son rôle, comme celui de Lischka à la tête de l'appareil policier nazi, consistait à rendre possible la mise en œuvre du programme criminel maximaliste de Dannecker, chef du service des affaires juives de la Gestapo en France.

Quant à Ernst Heinrichsohn, il avait été l'adjoint de Dannecker. Les survivants de Drancy se souviennent de lui comme d'un SS sadique qui, en août 1942, contrôlait, sourire aux lèvres, le départ des convois emportant des milliers d'enfants vers la mort.

Autour de Beate et de moi-même se sont rassemblés, peu à peu, les fils et filles de déportés juifs de France, que nous avons regroupés au sein d'une association, en 1979 : les enfants rescapés de la rafle du Vél' d'Hiv, à Paris, ou d'une arrestation par les gendarmes dans un village de campagne isolé. Ceux qui, une fois adultes, sont devenus pères ou mères de famille ; ceux que les malheurs de leur enfance ont laissés déboussolés et brisés. Tous comprenaient que nous avions entrepris de faire juger les hommes coupables d'avoir détruit leur bonheur d'enfant, leur innocence et, trop souvent, leur vie entière.

Nous étions deux, nous sommes devenus un groupe, à force d'agir illégalement en Allemagne. Oui, l'Association des fils et filles des déportés juifs de France s'est forgé une force dont aucun de ses membres ne se croyait capable. Oui, nous avons rempli le rôle que la France ne pensait plus pouvoir tenir.

C'est à nous, les parties civiles, et à nos actions que l'on doit la ratification, en 1975, de l'accord judiciaire franco-allemand permettant à l'Allemagne de juger elle-même les criminels nazis – pas aux diplomates, ni au gouvernement français qui s'est bien gardé d'exercer des pressions sur les autorités allemandes. Pour faire plier le Bundestag, il nous a fallu quatre années de bras de fer avec la société politique allemande. Quatre années ponctuées de coups d'éclat et de séjours en prison.

Beate a d'abord accompagné un groupe de jeunes à Cologne, où se trouvait le bureau de Lischka, alors fondé de pouvoir dans une entreprise de commerce en gros de céréales. Là, ils ont caillassé les vitres et occupé les lieux. Le groupe a été arrêté, mais le parquet de la ville, qui ne voulait pas que l'affaire s'ébruite, a fait libérer tout le monde dès le lendemain…

Une semaine plus tard, une fois que toutes les fenêtres ont été réparées, nous avons envoyé un deuxième commando, des anciens déportés cette fois, vêtus de leur vestes de prisonniers, qui ont, de nouveau, cassé les carreaux. Ils ont été battus au moment de leur arrestation, puis emprisonnés. À l'opinion publique allemande, nous avons expliqué que nous continuerions jusqu'à ce que la fameuse convention judiciaire franco-allemande soit ratifiée et transformée en loi. D'ailleurs, le matin du procès de la deuxième équipe de casseurs, un troisième commando a, une fois de plus, réduit en miettes les vitres du bureau de Lischka…

Avec ces petites actions qui font les gros titres des journaux, nous voulions dénoncer l'immobilisme d'une classe politique qui ne faisait pas son devoir. C'était notre manière à nous de contribuer à une prise de conscience.

En mars 1971, nous avons décidé de kidnapper Kurt Lischka à Cologne pour le ramener en France, où il avait été condamné par contumace, avec l'aide de trois amis, Marco, Eli et David. Je suis allé avec Beate chez Lischka, au 554, Bergisch-Gladbacherstrasse, auprès de qui je me suis présenté comme journaliste. Nous pensons que les gens peuvent changer, nous voulions savoir si c'était son cas. « Vous êtes la cible, en France, d'articles demandant que vous soyez jugé... », lui ai-je dit. Sa réponse fut la suivante : « Je n'ai de comptes à rendre qu'à la justice allemande, si elle m'en demande. » Nous savions donc qu'il était resté le même...

Le 22 mars, nous avons loué un superbe coupé Mercedes et, avec nos trois camarades, nous sommes allés attendre Lischka à l'arrêt de tramway « Maria-Himmelfahrt-Strasse » où il avait l'habitude de descendre pour rentrer chez lui. Nous avons tenté de le faire monter dans la voiture, mais il pesait 110 kg et mesurait plus de 1,90 mètre ! Il a résisté et appelé à l'aide. Nous l'avons frappé à la tête avec une matraque pour qu'il y ait délit. Un policier qui, heureusement, n'était pas armé, s'est interposé. Nous avons pris la fuite et nous nous sommes débarrassés des seringues et des ampoules de chloroforme qui devaient nous permettre de neutraliser Lischka.

Malgré tout, la justice allemande n'a pas bougé. De retour à Paris, nous avons alerté la presse d'outre-Rhin sur une tentative d'enlèvement dont aurait été victime Kurt Lischka. Les journalistes se sont renseignés auprès de la police et l'affaire est sortie. Beate a décidé de remettre le dossier Lischka en main propre au procureur de Cologne, Joseph Bellinghausen, le 1er avril. Elle savait qu'elle risquait de se faire arrêter. Et c'est ce qui est arrivé : la justice allemande n'a pas levé le petit doigt contre Lischka, mais a inculpé Beate de tentative d'enlèvement avant de la libérer sous caution trois semaines plus tard. Le 10 juillet 1974, elle a été condamnée à deux mois de prison.

Nous n'avons pas réussi à capturer Lischka pour le ramener en France, mais cette opération illégale a, d'une certaine manière, atteint son but. Grâce à elle, des Allemands apparemment respectables allaient désormais vivre sous la menace d'être entraînés de force dans un pays où les attendaient un mandat d'arrêt et la prison. C'en était fini de l'impunité de criminels nazis dont les noms se trouvaient dans les livres relatant l'histoire de la Solution finale et qui vivaient jusque-là tranquillement en Allemagne, sûrs de ne pouvoir être extradés vers la France, ni jugés dans leur pays.

Malgré l'échec de l'enlèvement, nous n'avons pas baissé les bras. Le 7 décembre 1973, j'ai simulé une tentative d'assassinat de Lischka. J'ai attendu, dans le froid et la neige, qu'il regagne sa voiture, garée près de la cathédrale de Cologne. Quand il est enfin arrivé, je lui ai mis le revolver entre les yeux, sans un mot. L'arme n'était pas chargée, mais Lischka a vu la mort en face. J'avais auparavant écrit une lettre au procureur de la ville pour lui expliquer que nous pouvions tuer les criminels nazis, mais qu'il n'en était pas question, car nous voulions un procès. Nous n'étions pas des terroristes. Nous voulions que l'Allemagne les juge. Nous voulions que la génération de leurs enfants les condamne. Mon geste valait aussi menace pour l'avenir : au cas où il n'y aurait pas de jugement, nous étions résolus à des actes désespérés tenant lieu de justice.

Nous avons remporté une autre bataille en empêchant la nomination à la Commission européenne du nazi Ernst Achenbach, ancien chef de la section politique de l'ambassade allemande à Paris de 1940 à 1943. Au Parlement allemand, il était le plus ardent zélateur d'une amnistie en faveur des criminels nazis. Or nous avons prouvé que lui-même avait été impliqué, en France, dans le processus de déportation des Juifs.

Drôle de vie

Ces années de combat ont été très difficiles pour nous, matériellement. Après avoir travaillé à l'ORTF, puis à la Continental Grain Company, je me suis retrouvé au chômage de 1971 à 1974. Notre cause nécessitait que je m'y consacre à temps plein. Je suis retombé sur mes pieds, finalement, puisque je suis devenu avocat en 1974...

Nous partagions le deux-pièces de ma mère, à Paris, avec notre fils Arno. Ce n'était pas dur pour autant, car il était exaltant de défendre une cause juste. Et puis Beate et moi avions vécu des moments pas faciles. J'avais échappé à Auschwitz, elle avait connu le Berlin d'après guerre. On menait une vie d'aventures. Beate partait au Moyen-Orient, en Amérique du Sud, dans des pays dont on ne savait pas si elle reviendrait...

Nous avons été la cible de menaces, d'attentats, aussi. Un matin de mai 1972, ma mère m'a annoncé que j'avais reçu un paquet, mais que le chat, contrairement à ses habitudes, n'avait pas fait ses griffes dessus. L'expéditeur était un certain Samuel Segal, domicilié à Gignac, dans l'Hérault. J'ai pensé qu'il s'agissait peut-être d'un ancien déporté comme celui qui, quelques jours plus tôt, avait apporté du pain noir d'Allemagne à Beate. J'ai ouvert le colis qui contenait une boîte cylindrique marquée « sucre ». Je l'ai secouée, et j'ai vu tomber quelques petits grains noirs que j'ai mis près du gaz. Ils ont grésillé...

Heureusement, je n'ai pas soulevé le couvercle de la boîte, sinon elle explosait. Je l'ai placée dans un sac à provisions et je suis allé au commissariat. J'ai rencontré un copain, en route, qui m'a demandé ce que je transportais. « Je crois que c'est une bombe », lui ai-je répondu. Au commissariat, les jeunes inspecteurs ont eu la prudence d'attendre le commissaire qui a appelé la brigade pyrotechnique. La boîte contenait une livre de dynamite et cinq cents grammes de clous de tapissier.

Ma mère m'a sauvé la vie, ce jour-là. Heureusement, Beate était partie avec Arno à Cannes, où elle devait donner une conférence.

Notre fils avait cinq ans, il n'aurait pas résisté à la curiosité et aurait ouvert le paquet tout de suite, s'il avait été là...

En juillet 1979, une bombe à retardement a détruit ma voiture à 3 heures du matin.

Le procès de Cologne

En 1979, nous avons obtenu, enfin, que soient jugés, à Cologne, Kurt Lischka, Herbert Hagen et Ernst Heinrichsohn. Trois Allemands respectables – Lischka était devenu homme d'affaires, Hagen, directeur commercial d'une grande société d'appareillage électrique, Heinrichsohn, avocat et maire de sa petite ville de Bürgstadt, en Bavière. Trois hommes animés d'une intense haine antijuive et d'une implacable volonté criminelle. Trois des principaux responsables de la Solution finale en France. Trois des organisateurs de la déportation des 76 000 Juifs de France qui, en leur âme et conscience, voulaient que ces 76 000 femmes, hommes et enfants soient mis à mort au terme de leur voyage vers Auschwitz. Nous avons toujours rappelé que, sans ces hommes-là, jamais les Bousquet, Leguay, Papon et Touvier ne se seraient rendus complices de crimes contre l'humanité.

Ce procès de Cologne, exemplaire, nous a laissé un exceptionnel souvenir. Nous y sommes allés en force. À l'ouverture, le 23 octobre 1979, nous étions 500. Certains jours, ce nombre est même monté à 1 000. Nous avons organisé des trains spéciaux pour que la salle soit toujours pleine de Juifs venus de France, surtout des jeunes, qui pourraient encore, des décennies plus tard, témoigner qu'ils avaient vu juger et condamner les bourreaux des Juifs de France. Depuis la Nuit de cristal en novembre 1948, on n'avait jamais vu autant de Juifs défiler dans les rues d'une ville allemande !

Le procès, qui a connu trente-cinq audiences en quatre mois, s'est déroulé sous notre contrôle. Nous avions constitué trois cent cinquante parties civiles et nous disposions, grâce aux archives du Centre de documentation juive contemporaine, de documents permettant de confondre les accusés et les témoins de la défense. Plusieurs de ces derniers, d'ailleurs, ont été inculpés pour faux témoignages au cours du procès, car je détenais les preuves de leurs mensonges.

Nous avons envoyé à tous les membres du Parlement et à la presse des documents accablants signés par les trois accusés – des textes qui reflétaient leur volonté de déporter et leur connaissance du sort qui attendait les Juifs au bout du chemin. Lischka, Hagen et Heinrichsohn étaient donc condamnés avant d'être jugés.

Non seulement ils ont été reconnus coupables, mais ils ont été emprisonnés, ce qui n'allait pas de soi en Allemagne, où l'âge et la santé permettaient trop souvent aux condamnés d'échapper à la détention prolongée. Certes, leurs peines (dix ans, douze ans et six ans de détention respectivement) n'étaient pas très lourdes, mais elles étaient symboliques. Par ailleurs, ces hommes n'avaient pas tué de leurs mains, ils étaient complices. Aux yeux de la loi allemande, ils étaient coupables d'un crime de droit commun, pas d'un crime contre l'humanité, comme cela aurait été le cas en France.

Le président du tribunal a bien exprimé ce que nous ressentions : « Vous ressemblez à nos parents, vous avez aidé à la reconstruction de l'Allemagne et, pourtant, nous devons vous condamner car vous portez sur vos épaules la responsabilité des crimes de l'Allemagne hitlérienne. » C'est le seul grand procès exemplaire qui se soit tenu en Allemagne.

Il y a trois ans, à Cologne, en présence du président du Land, du ministre de la Justice et du président de la cour d'assises de l'époque, une plaque a été apposée à l'entrée de la salle où s'est déroulé le procès de 1979. Ce procès, qui a rapproché Français et Allemands, Juifs et Allemands, a toujours eu, pour nous, une importance beaucoup plus grande que le procès de Lyon, celui de Klaus Barbie, en 1987.

Si Barbie, responsable de la déportation des enfants juifs

d'Izieu, incarnait le fanatisme antijuif, il n'était cependant qu'un cadre régional de la Gestapo. Les accusés du procès de Cologne, eux, organisaient la Shoah au niveau national. Au fond, le procès de Cologne a été celui, historique, du rôle des Allemands dans la déportation des Juifs de France.

L'importance de ce procès tenait également à une autre raison : après la guerre, l'Allemagne était devenue la plus proche alliée de la France et, avec elle, le moteur de l'Union européenne. Obliger la République fédérale à cet acte juste et difficile de juger et de condamner ces criminels, c'était la contraindre à s'engager sur la bonne route et à s'aligner sur des valeurs de morale politique que, jusque-là, elle ne respectait pas.

Ce que nous avons obtenu pour les chefs SS en France, nous l'avons obtenu également pour leurs homologues responsables de la déportation de 25 000 Juifs de Belgique et des départements français du Nord et du Pas-de-Calais. De 1975 à 1980, il nous a fallu mobiliser les Juifs de Belgique, multiplier les expertises historiques sur leur sort, établir le Mémorial de la déportation des 25 124 Juifs de Belgique.

Nous avions deux cibles : le colonel SS Ernst Ehlers, le chef de la police de sûreté et du service de sécurité en Belgique de 1942 à 1944, qui avait fait partie des Einsatzgruppen en Russie, et Kurt Asche, le chef du service des affaires juives de la Gestapo en Belgique.

À force d'actions menées dans l'illégalité, là encore, nous avons abouti, en 1981, au procès de Kiel, dans le nord de l'Allemagne, qui dura six mois et où fut jugé et condamné Kurt Asche. Ernst Ehlers, devenu après guerre juge au tribunal administratif du land de Schleswig-Holstein, s'était suicidé à la veille du procès.

Klaus Barbie, alias Altmann

Dès 1971, nous avons également entrepris de mettre un terme à l'impunité du plus notoire des criminels nazis ayant opéré en France, Klaus Barbie, l'ancien chef de la Gestapo à Lyon. Dans ce cas aussi, c'est nous qui avons pris l'initiative de la traque, et non les pouvoirs publics.

La justice allemande avait choisi ce dossier symbolique pour s'opposer à nous et à notre campagne en faveur de la ratification de la convention judiciaire franco-allemande de 1971. En juin 1971, Klaus Barbie a bénéficié d'un non-lieu à Munich. Ses anciens complices, qui avaient témoigné contre lui en France, s'étaient empressés de le dédouaner sitôt rentrés en Allemagne. Le procureur Rabl a décidé de clore le dossier car, selon lui, il était impossible de prouver que, subjectivement, Barbie avait connaissance du sort funeste qui attendait les Juifs arrêtés et déportés par ses soins, enfants compris. Nous devions impérativement faire annuler ce non-lieu, sinon d'autres criminels auraient pu s'en prévaloir.

Beate a mené une action de mobilisation auprès des Juifs de Lyon. Un avion a été affrété pour emmener Juifs et résistants à Munich. Parmi cette délégation figurait une ancienne déportée à Auschwitz, Fortunée Benguigui, dont les trois fils, arrêtés à Izieu par la Gestapo sur ordre de Barbie, étaient morts à Birkenau. Elle a entamé une grève de la faim devant le palais de justice. Le procureur général Ludolph a accepté de la recevoir avec Beate. Mme Benguigui lui a alors remis un document que j'avais retrouvé : le témoignage de Kurt Schendel, chef du service de liaison de l'Union générale des israélites de France (Ugif) avec la section antijuive de la Gestapo. Lors d'une réunion de l'Ugif à laquelle il participait, à Paris, en décembre 1943, il se souvenait d'avoir entendu un participant venu de Lyon rapporter les propos de Barbie : « Fusillé ou déporté, il n'y a pas de différence », aurait dit le gestapiste lyonnais. Le procureur de Munich a fait taper le témoignage de Mme Benguigui par Beate. « Si vous retrouvez ce témoin, lui a-t-il assuré, on pourra rouvrir l'instruction contre Barbie. »

Je me suis plongé dans les archives où j'ai relevé le nom d'un certain Raymond Geissmann, responsable de l'Ugif-Sud, qui était venu de Lyon assister à la fameuse rencontre de décembre 1943.

Il était désormais avocat auprès des ambassades d'Israël et de RFA. Geissmann a témoigné être allé voir Barbie à la suite d'exécutions sommaires qui avaient eu lieu dans les caves de la Gestapo, à Lyon, pour le supplier de donner une chance aux condamnés en se contentant de les déporter, plutôt que de les tuer. « Déporté ou fusillé, c'est la même chose », lui a répondu Barbie. Nous tenions donc la preuve que Barbie n'ignorait rien du sort des Juifs déportés. Beate est repartie à Munich et le procureur général a rouvert l'instruction.

Nous avons aussi découvert où s'était réfugié Barbie et sous quelle identité il vivait. Lorsque Beate avait fait campagne à Munich, elle avait distribué une photo de lui prise en 1943. Or un Allemand du nom de Herbert John, installé à Lima, au Pérou, avait vu le cliché dans un article du quotidien *Süddeutsche Zeitung*. Il a pris contact avec le procureur Ludolph car il lui semblait reconnaître un homme d'affaires bolivien d'origine allemande, récemment installé à Lima, qui se faisait appeler Klaus Altmann. Nous nous sommes mis en relation avec Herbert John, qui nous a expédié d'autres photos de l'homme que nous pensions être Barbie, prises notamment lors d'un conseil d'administration. En décembre 1971, il nous a donné l'adresse en Bolivie d'Altmann dont les enfants et la femme portaient, curieusement, les mêmes prénoms que ceux de Barbie, et avaient vu le jour aux mêmes dates, dans les mêmes villes… Un peu plus tard, nous avons reçu une photo de Mme Barbie : elle n'avait pas changé d'un iota en trente ans !

Altmann a fini par avouer qu'il était Barbie. Nous l'avons révélé et nous avons mené campagne, en Bolivie, pour faire comprendre qui était vraiment Klaus Barbie : pas un réfugié politique ayant réprimé la résistance française, comme il le prétendait, mais un chasseur d'enfants juifs voués à la mort dès lors qu'ils étaient arrêtés. Notre action a déclenché plusieurs demandes d'extradition de Barbie, mais elles sont restées infructueuses.

Pendant ce temps, Barbie continuait tranquillement à prendre son thé quotidien à la cafétéria de La Paz, où il monnayait ses interviews mensongères aux médias, français compris. C'est pourquoi, en décembre 1972, nous avons décidé de monter une opération pour le kidnapper. Nous avions le soutien de Régis Debray et son épouse Elizabeth, ainsi que d'opposants au dictateur bolivien Hugo Banzer. J'ai apporté en Amérique du Sud cinq mille dollars pour l'achat d'une voiture qui devait nous permettre de mener à bien l'enlèvement. Mais les officiers qui la conduisaient ont eu un accident, si bien que notre plan a capoté. Nous avons continué à surveiller Barbie par l'intermédiaire d'une amie allemande de Beate qui se rendait régulièrement à La Paz. Il a finalement été expulsé de Bolivie en février 1983, quand la dictature s'est effondrée et que nos amis de l'opposition sont arrivés au pouvoir. L'Allemagne venait, un mois plus tôt, de demander son extradition. Je ne voulais surtout pas qu'il soit jugé outre-Rhin, où il aurait été condamné à une peine modérée…

Au cours de la préparation du procès Barbie, nous avons pu rassembler la très grande majorité des parties civiles, notamment pour chacun des 44 enfants d'Izieu. Ces enfants que le procès par contumace intenté à Barbie en 1954 avait oubliés, comme ont été oubliés les 325 enfants du convoi 77 lors du procès par contumace d'Alois Brunner, la même année. Nous avons pu reconstituer l'identité exacte et l'histoire de chaque garçon, de chaque fille et retrouver, pour chacun d'eux, une partie civile, membre de sa famille. Nous avons même déniché par nos propres moyens le télex original d'Izieu, signé par Barbie, pièce maîtresse de l'accusation, qui avait disparu depuis près de quarante ans. Barbie, responsable de la déportation des enfants d'Izieu, a été condamné à la prison à perpétuité.

Les complices français

Sans les Fils et Filles de déportés juifs de France, il n'y aurait pas eu de procès Barbie. Il n'y aurait pas eu, non plus, l'action judiciaire méthodique que nous avons menée pendant vingt-trois ans contre les complices français de la Solution finale afin de faire saisir à la France et aux Français le rôle exact joué par Vichy dans cette immense tragédie.

Ayant pu prendre très précisément connaissance des archives de la Gestapo, de celles du gouvernement de Vichy et de la police française, nous avons mesuré à quel point le rôle de Vichy dans la Solution finale de la question juive était mal connu en France. Nous avons compris qu'il fallait mener une action pédagogique à l'échelle du pays, non seulement par la publication de nos ouvrages de référence tels que le *Mémorial de la déportation des Juifs de France, Vichy-Auschwitz, Le Calendrier de la persécution des Juifs* ou *Le Mémorial des enfants juifs déportés de France*, mais aussi par le biais d'affaires judiciaires visant des personnages qui incarnaient les organismes responsables de la persécution des Juifs de France.

Dans l'immédiat après-guerre, la société politique française avait forgé le mythe de la bienfaisance de l'arrestation de la majorité des Juifs par la police française. Elle en avait raflé moins que les Allemands ne l'auraient fait eux-mêmes, assurait-on, et les arrestations se sont déroulées plus humainement que si les Allemands avaient opéré eux-mêmes.

Dans le très indulgent acte d'accusation dressé contre René Bousquet en 1949, il était écrit que l'intéressé avait « réussi à obtenir que la rafle fût faite par la seule police française ». C'est tout juste s'il ne fut pas félicité pour la rafle du Vél'd'Hiv et il sortit la tête haute d'une cour de justice qui venait, en fait, d'acquitter le chef de la police de Vichy. Cette Haute Cour, rien que pour l'année 1942, avait arrêté et livré aux Allemands 40 000 Juifs dont 10 000 en provenance de zone libre, où il n'y avait pas d'Allemands.

Notre connaissance des dossiers des criminels allemands et de la Solution finale en France nous ont permis, dès 1975, de constater que les agrégés de l'université, auteurs de manuels scolaires d'histoire, avaient falsifié la vérité pour enseigner aux élèves du secondaire que seuls les Allemands avaient traqué les

Juifs. Dans tel livre, on osait en effet écrire les lignes suivantes : « Les autorités nazies se livrent en zone occupée à des arrestations massives de Juifs : 4 000 enfants de 2 à 12 ans arrivent en 15 jours à Drancy. » Dans tel autre : « Ainsi les lois allemandes concernant les Juifs sont mises en application dans la zone occupée avec toutes leurs séquelles : perquisitions de la Gestapo, arrestations, déportations, camps de concentration, sévices épouvantables… » Dans un autre, encore : « Le gouvernement de Vichy entreprend, pour sa part, de façonner une France nouvelle dans la zone où son autorité s'exerce directement. »

Ainsi, progressivement, en est-on arrivé à une version édulcorée de l'Histoire selon laquelle seuls les Allemands avaient arrêté les Juifs, lesquels s'étaient laissé faire comme des moutons. Nous avons décidé de réagir contre cette falsification, ce détournement de la vérité historique, et de jouer un rôle pédagogique en enseignant à notre pays ce qui s'était réellement passé.

Il nous semblait judicieux de lancer notre campagne contre les complices français de la Solution finale au moment où nous aurions la certitude que l'Allemagne jugerait leurs maîtres. À l'automne 1978, quand l'acte d'accusation contre Lischka, Hagen et Einrichsohn fut rendu public, nous avons décidé que le moment était venu.

Sachant que Bousquet avait été jugé en 1949 et qu'un homme ne pouvait comparaître deux fois pour les mêmes faits, nous avons porté plainte contre Jean Leguay, le délégué de Bousquet en zone occupée – l'homme qui négocia avec la Gestapo la rafle du Vél' d'Hiv et les transferts de Juifs de la zone libre vers Drancy. Est-ce que, plus de trois décennies après la guerre, la société politique française allait considérer, comme en 1945, que les exécutants étaient innocents, que seuls les donneurs d'ordres étaient coupables ?

Nous avons rassemblé plus d'une centaine de parties civiles et Jean Leguay fut le premier homme à être inculpé en France pour crimes contre l'humanité en 1979. Dix ans plus tard, à sa mort, l'instruction de son affaire était achevée et nous avons obtenu que, pour la première fois dans les annales judiciaires, l'ordonnance d'extinction de l'action publique ne comporte pas seulement quelques lignes, mais l'essentiel du réquisitoire définitif du procureur de la République.

L'instruction avait duré longtemps, trop longtemps pour que Leguay soit jugé. Elle s'est éternisée, également, dans le cas de Maurice Papon, contre lequel j'avais été le seul à réclamer des poursuites pour crime contre l'humanité devant le jury d'honneur qui a examiné son cas en 1981, avant de lui accorder une quasi-absolution.

Nous avons déposé de nombreuses plaintes contre lui. Mais le déroulement des instructions contre Leguay et Papon a été ralenti par le président de la République d'alors, François Mitterrand, comme il l'a avoué dans un entretien à la télévision. Il est intervenu en faveur de Bousquet, aussi, en tentant de diriger son dossier vers une voie de garage, celle d'une improbable Haute Cour de justice, au lieu de la cour d'assises. Nous avions, là encore, pris l'initiative de porter plainte contre Bousquet après avoir étudié le dossier de son jugement de 1949 et découvert qu'un certain nombre de faits avaient été négligés par l'instruction et pouvaient donc être considérés comme des éléments nouveaux. Bousquet a été inculpé et le réquisitoire à son encontre rendu public quand il fut assassiné en 1993.

Comme en Allemagne, les plaintes sont venues des représentants des victimes, jamais de la puissance publique. Comme en Allemagne, nous avons dû faire preuve d'opiniâtreté. Nous avons porté plainte contre Papon en 1981, il a été jugé en 1997. Leguay est mort après avoir été inculpé de crimes contre l'humanité. Bousquet a été assassiné, mais lui aussi était inculpé de crimes contre l'humanité. Il nous a fallu attendre 1994 pour voir jugé Paul Touvier, le chef de la milice lyonnaise, vingt-trois ans après qu'il eut obtenu la grâce présidentielle. Lui a été victime de sa stupidité. Dans une interview, il a affirmé que les Allemands réclamaient cent personnes à fusiller après l'assassinat de Philippe

Henriot, le secrétaire d'État à l'Information et à la Propagande du régime de Vichy. « J'ai choisi sept Juifs et cela leur a suffi », s'est-il vanté. Or les Allemands n'avaient exigé aucune représaille... Touvier s'est piégé lui-même et cela lui a valu d'être le premier Français condamné pour crimes contre l'humanité.

Avec Bousquet, Leguay, Papon et Touvier, nous tenions quatre hommes qui avaient exercé des responsabilités dans les organes responsables de la persécution des Juifs. Bousquet, c'était le gouvernement de Vichy et sa police ; Leguay, la police et l'administration préfectorale ; Papon, l'administration préfectorale, et Touvier, la Milice de Vichy. Chacune de ces affaires interminables nous a permis de mettre en lumière la complicité du régime de Vichy. Chacune de ces affaires, à travers ses innombrables épisodes judiciaires, a été l'occasion pour les médias de diffuser auprès des Français des messages pédagogiques que nous n'avons cessé de documenter. La multitude et la précision des informations historiques de ces quatre affaires couvertes pendant deux décennies par la presse, la radio et la télévision ont fait comprendre aux Français le rôle de Vichy dans la persécution des Juifs et dressé un solide barrage contre toute tentative de réhabiliter ce régime.

Notre rôle spécifique a été de dévoiler, également, de nombreux documents, jusque-là inaccessibles, provenant des archives publiques, puis de les faire entrer dans le patrimoine historique de notre pays en publiant des ouvrages de référence. C'est ainsi que, peu à peu, le niveau de connaissance publique du rôle de Vichy est devenu tout à fait satisfaisant. Nous avons été pionniers en établissant que, si les trois quarts des Juifs de France avaient survécu, ils le devaient essentiellement au comportement de la population française. Celle-ci avait, en effet, réagi avec hostilité aux arrestations de familles juives opérées par la police de Vichy pendant l'été 1942. Cette opposition des Français et des Églises avait freiné la coopération policière massive de Vichy avec la Gestapo et, par la suite, de nombreux Juifs, surtout les enfants, ont pu trouver une aide précieuse au sein de la population.

Cette action judiciaire et pédagogique a porté ses fruits. J'en citerai deux : le discours du président de la République, Jacques Chirac, au Vélodrome d'Hiver, le 16 juillet 1995, reconnaissant pour la première fois la responsabilité de la France dans la déportation des Juifs vers l'Allemagne ; la commission Matteoli, dont j'ai fait partie, sur la spoliation des Juifs de France par l'occupant et par le régime de Vichy entre 1940 et 1944.

La France a regardé son passé en face, en a tiré les conséquences et a dégagé la route de l'avenir. Quel changement si l'on se reporte à 1975, quand notre petit groupe d'orphelins et de déportés a décidé de faire connaître la vérité et s'est investi dans cette mission qui allait durer un quart de siècle !

Obstination

En février 1984, nous avons pris le dossier Mengele en main. Après la guerre, le Dr Josef Mengele, auquel ses sinistres expériences sur les prisonniers d'Auschwitz ont valu le surnom d'« ange de la mort », coule quelques années paisibles en Bavière. Mais au fil des procès, les survivants du camp multiplient les témoignages effroyables à son encontre, tandis que d'anciens collègues et son chauffeur SS révèlent des détails accablants. En 1956, le médecin nazi choisit de quitter l'Allemagne. Après quelques années à Buenos Aires sous un faux nom, il n'hésite pas à reprendre son identité et à demander un passeport à l'ambassade allemande en 1956. C'est sous son véritable patronyme, aussi, qu'il épouse la veuve de son frère Karl, décédé pendant la guerre. En 1959, quand la RFA entame publiquement des négociations pour l'extradition de Mengele, il se résout à quitter l'Argentine pour le Paraguay. Là, l'ex-as de la chasse allemande Hans Rudel l'introduit auprès de son grand ami le dictateur Alfredo Stroessner qui lui permet d'obtenir la naturalisation en un temps record.

En quinze mois, nous avons aidé à résoudre le dossier Mengele par le biais d'une mobilisation exceptionnelle, seul moyen de parvenir à un résultat. Chez Rolf Mengele, le fils de Josef, nous sommes parvenus à nous emparer de divers documents attestant de ses nombreux voyages, tels des relevés American Express, le passeport de son ami Wilfried Busse qui lui a servi pour se rendre au Brésil en 1977, ainsi que des preuves attestant de l'envoi d'argent à son père par divers procédés. Pendant ce temps, Simon Wiesenthal multipliait les conférences de presse, à Vienne ou à New York, pour annoncer qu'il traquait Mengele, qu'il l'avait manqué de cinq jours ici, de quinze jours là, qu'il pourrait le faire exécuter s'il le voulait, mais que cela lui répugnait, que Mengele se cachait chez les Mennonites du Paraguay ou dans une colonie allemande du Chili. Pour notre part, nous étions convaincus qu'il suffisait à Mengele de vivre retiré dans une propriété au Paraguay pour ne pas être inquiété puisque personne, en réalité, ne le pourchassait...

Nous avons transmis au procureur Klein, à Francfort, les renseignements que nous avons obtenus. Seuls, nous n'étions pas en mesure d'accéder au dossier bancaire de la famille Mengele qui aurait permis de dresser la liste de leurs déplacements. Nous n'étions pas en mesure d'obtenir des autorités brésiliennes une enquête sur le voyage de Rolf Mengele au Brésil. Nous n'étions pas en mesure, non plus, de mettre sur écoute les téléphones du fils Mengele. Certes, nous-mêmes, ou des agents israéliens, aurions pu décrocher la clé du mystère Mengele en mettant le couteau sur la gorge de Rolf ou de l'un de ses enfants. Mais pour nous, comme pour le Mossad, le fils d'un criminel n'est en rien responsable des crimes de son père, même s'il le protège.

Face aux nombreux renseignements que nous lui transmettions, le procureur Klein ne cachait pas sa satisfaction, tout en refusant de savoir comment nous les avions obtenus. Par ailleurs, il nous disait son sentiment d'impuissance dans cette affaire : les perquisitions, il n'y croyait pas ; suivre la famille hors d'Allemagne, il n'était pas en droit de le faire ; les écoutes téléphoniques, il y en eut peut-être quelques-unes, épisodiques... Jamais le parquet de Francfort n'a eu le courage d'alerter le

ministre de la Justice pour qu'il mette le gouvernement allemand face à ses responsabilités.

Puisque l'affaire Mengele ne pouvait se résoudre sans une
mobilisation de l'opinion publique internationale, Beate a entrepris une campagne dans le pays où Mengele avait été vu pour
la dernière fois, là où il avait été publiquement protégé : au
Paraguay. En février 1984, elle s'est rendue à Asuncion où elle a
réclamé le concours des autorités paraguayennes pour retrouver
le médecin nazi. Peu satisfaite des réponses du dictateur Alfredo
Stroessner, Beate a organisé une manifestation illégale contre
lui devant le palais de justice – la première depuis dix-sept ans.
De retour à Asuncion en novembre 1984 avec des amis juifs
américains, Beate a obtenu du ministre de l'Intérieur Sabino
Montanaro la promesse d'une enquête minutieuse auprès de
tous les chefs de districts policiers du Paraguay. Elle a également
fait insérer dans les journaux *El Diario* et *O Estado de Sao Paulo*
une page entière offrant une récompense de 26 500 dollars à
celui ou celle dont les informations permettraient la capture de
l' « ange de la mort ». Ce qui a incité le parquet de Francfort à
porter la prime proposée par la justice allemande de 50 000 à
1 million de deutschemarks.

C'est ainsi qu'a germé l'indispensable mobilisation que nous
avons voulue et suscitée. Ont suivi le procès par contumace de
Mengele à Jérusalem, qui a donné un écho international à ses
crimes atroces, puis l'accusation portée contre les autorités amé-
ricaines d'avoir arrêté le médecin allemand et de l'avoir laissé
échapper, qui a déclenché une enquête officielle aux États-Unis.
La presse internationale, passionnée par l'affaire Mengele, lui a
de nouveau consacré ses gros titres quand Beate est repartie pour
la troisième fois au Paraguay, en mai 1985. Pendant plus de deux
semaines, elle a mené une violente campagne contre Stroessner
afin de l'empêcher de se rendre en Allemagne pour une visite
officielle fixée du 3 au 8 juillet. À plusieurs reprises, pendant
les deux semaines de son séjour, elle a manifesté avec un poster
clamant en espagnol : « Stroessner, tu mens quand tu dis que tu

ne sais pas où est Mengele. Ne pars pas en Allemagne sans lui ! »
Ou bien seule, devant l'ambassade allemande à Asuncion, en
brandissant une pancarte : « L'Allemagne ne doit pas recevoir
le dictateur Stroessner qui protège Mengele. » Des scènes qui
furent retransmises par les chaînes du monde entier.

Stroessner a enfin compris que l'affaire Mengele compromet-
tait gravement sa réputation. Quelques jours après le départ de
Beate étaient annoncés simultanément le report du voyage de
Stroessner en Allemagne, à son initiative, ainsi que... la mort
de Mengele, six ans plus tôt, au Brésil. Sa tombe fut localisée
quelques mois plus tard et sa dépouille identifiée en 1992 grâce à
des tests génétiques.

Dernier combat

Nous avons entamé notre action au nom de l'histoire et de
la justice en 1971 avec les criminels allemands Lischka, Hagen,
Heinrichsohn et Barbie. Nous l'avons terminée avec un autre
criminel nazi, Alois Brunner, jugé par contumace en 2001, à
Paris, et condamné à la prison à perpétuité. Dans cette affaire
également, les parties civiles ont donné l'impulsion indispensable pour entraîner la justice et les gouvernements. Malgré tous
nos efforts, cependant, nous n'avons pas abouti en raison de la
situation particulière de la dictature syrienne, insensible aux
pressions extérieures qui se sont révélées très insuffisantes.

Si, à partir des années 1980, les médias, les magistrats et les
chancelleries de plusieurs pays se sont emparés de l'affaire
Brunner, c'est parce que nous avons voulu qu'il en soit ainsi. Nous
qui menions campagne contre Barbie au nom des 44 enfants
d'Izieu, comment aurions-nous pu ne pas pourchasser Brunner
qui avait non seulement dirigé la déportation des Juifs de France
depuis juin 1943, mais aussi choisi d'arrêter et d'envoyer vers la
mort 250 pensionnaires des foyers d'enfants juifs de la région
parisienne dans l'ultime grand convoi qui a quitté Drancy le
31 juillet 1944, à trois semaines de la Libération ?

La présence de Brunner avait été signalée à Damas en 1960 et l'Autriche avait demandé son extradition à la Syrie l'année suivante. Sans succès, hélas. Depuis, le dossier dormait à Vienne et à Francfort, où un mandat d'arrêt avait été lancé en 1961 pour la participation de Brunner à plus de 120 000 meurtres. En France, l'officier SS avait été condamné à mort par contumace en 1954 – une condamnation frappée de prescription vingt ans plus tard.

Pour tenter quelque démarche que ce soit, il nous fallait d'abord savoir où se cachait Brunner. Nous avons enquêté, à Vienne, sur son épouse et sa fille avec l'aide de deux détectives privés que nous avons recrutés pour l'occasion. Nous avons même réussi à pénétrer dans l'appartement de la fille de Brunner, où nous avons découvert l'adresse et le numéro de téléphone de son père à Damas.

Ayant localisé précisément Brunner, à Damas, sous le nom de Georg Fisher, nous avons voulu avoir la certitude absolue que nous ne faisions pas fausse route. Ma femme lui a téléphoné en se faisant passer pour la secrétaire d'un magistrat allemand, fils d'un collègue de Brunner pendant la guerre. Elle lui a transmis un prétendu message de ce magistrat lui recommandant vivement de ne pas se rendre en Suisse pour soigner son œil, car un mandat d'arrêt l'y attendait, la justice allemande ayant été prévenue de ce projet de voyage – Brunner avait perdu un œil dans un attentat au colis piégé à la grande poste de Damas, en 1961. Il a remercié chaleureusement ma femme pour cet avertissement.

Immédiatement, Beate a téléphoné à l'épouse de Brunner, à Vienne, et lui a conseillé d'appeler son mari, à Damas, pour lui éviter de commettre l'imprudence d'aller en Suisse. L'épouse de Brunner lui a assuré qu'elle allait le prévenir. Ainsi étions-nous sûrs que Fischer et Brunner ne faisaient qu'un, de même que nous avions prouvé quelques années plus tôt qu'Altmann et Barbie étaient une seule et même personne.

En juillet 1980, un deuxième colis piégé a privé Brunner des doigts de la main gauche. Mutilé à deux reprises à vingt ans d'intervalle, il savait que ses victimes n'avaient pas oublié. Terminée, la tranquillité d'une retraite anonyme, sous la protection d'une solide dictature antijuive. Désormais, sa vie serait dominée par le souvenir des crimes qu'il avait perpétrés et par la volonté de justice de ceux dont il avait irrémédiablement piétiné la vie.

Pour donner à ce dossier plus d'actualité, nous avons décidé de le rendre public en juin 1982, au lendemain d'un engagement aérien dans lequel l'aviation israélienne avait abattu plus de cinquante avions syriens. En 1967, j'avais suivi l'armée israélienne comme volontaire en Syrie jusqu'à la prise de la ville de Kouneitra, où la diplomatie l'obligea à s'arrêter sur la route de Damas. Si elle y était parvenue, peut-être le cas Brunner aurait-il trouvé une solution satisfaisante dans la ligne du procès Eichmann...

En tout cas, en juin 1982, j'ai pris l'avion pour Damas sans visa. À l'arrivée, j'ai transmis le dossier Brunner aux autorités syriennes qui m'ont refoulé vingt-quatre heures plus tard. Le correspondant du quotidien britannique *Times* à Beyrouth s'est rendu à Damas et a rédigé un article très détaillé sur la présence de Brunner en Syrie, son rôle dans la police politique et la protection policière dont il bénéficiait depuis mon passage sur place.

En octobre 1982, j'ai déposé plainte contre Alois Brunner en Allemagne et j'ai multiplié les démarches auprès des parquets de Francfort et de Cologne, ainsi qu'à Bonn, au ministère de la Justice et au département juridique du ministère des Affaires étrangères. Ces efforts ont entraîné la réouverture du dossier Brunner, un nouveau mandat d'arrêt lancé à Cologne en octobre 1984 et une demande verbale d'extradition présentée par la République fédérale d'Allemagne à la Syrie en décembre 1984. Les autorités syriennes ont prétendu ne pas avoir connaissance de la présence de l'officier SS sur leur territoire... L'Autriche a renouvelé sa demande d'extradition en 1985 – sans plus de succès.

Entre-temps, nous avons tenté d'obtenir de la République démocratique allemande qu'elle demande à la Syrie de mettre Brunner dans l'avion de la ligne Damas-Berlin-Est. Étant donné les liens qui unissaient les deux gouvernements, le président Hafez el-Assad pouvait être certain qu'il ne serait pas question de son pays lors d'un procès Brunner. Peine perdue. C'est seulement en 1988, à la veille de sa disparition, que la RDA s'est résolue à réclamer officiellement l'extradition de Brunner... Sans même recevoir de réponse.

En France, les possibilités de soutenir la demande allemande d'extradition étaient faibles, car le gouvernement, sous l'impulsion du Premier ministre Jacques Chirac, était engagé dans une remarquable opération de sauvetage des Juifs de Syrie.

En octobre 1985, un article du magazine allemand *Bunte* a ranimé nos espoirs. L'hebdomadaire avait, en effet, interviewé et photographié Alois Brunner en Syrie. Le 20 janvier 1987, j'ai pu obtenir du nouveau secrétaire général d'Interpol, qui succédait à un ancien SS allemand et à un policier de Vichy, le premier avis de recherche international lancé contre un criminel nazi. J'ai réussi à le convaincre que c'était une excellente façon de célébrer le 45e anniversaire de la conférence de Wannsee. Le 20 janvier 1942, celle-ci avait réuni à Berlin, au siège d'Interpol, quinze hauts responsables du IIIe Reich pour débattre de l'organisation administrative, technique et économique de la Solution finale à la question juive, sous la présidence de Reinhard Heydrich.

La Syrie, destinatrice de cet avis de recherche, ne réagit point, sinon en imposant le silence à Brunner. L'imprudent avait confié par téléphone au quotidien américain *Chicago Sun Times* que « tous les Juifs méritaient de mourir parce qu'ils étaient des agents du diable et des ordures humaines ». « Je n'ai pas de regrets, avait-il ajouté, et je le referais encore si c'était à refaire. »

Quand mon épouse se rendit à Damas en 1987 avec un visa délivré à Bonn, elle fut, à son tour, refoulée dès son arrivée à l'aéroport. Elle organisa alors des manifestations à New York devant le consulat syrien et fit campagne à Washington auprès de la Chambre des représentants qui émit une résolution demandant l'intervention du gouvernement américain pour soutenir les demandes d'extradition.

En 1987, nous avons porté plainte contre Brunner à Paris. L'instruction, menée par les juges Getti, puis Stephan, avec l'appui de la section de recherches de la gendarmerie de Paris, a porté, d'une part, sur les enfants déportés par le dernier grand convoi et, d'autre part, sur la présence de Brunner en Syrie. Les preuves de cette présence se sont accumulées, les demandes de commission rogatoires se sont multipliées, mais en vain. Les autorités syriennes n'ont rien voulu entendre.

En janvier 1990, j'ai de nouveau pris l'avion pour Damas, cette fois avec un visa d'affaires délivré par l'ambassade à Paris, soucieuse probablement de voir le cas traité dans la capitale syrienne plutôt qu'en France. Une demi-heure avant un entretien avec le vice-ministre des Affaires étrangères, celui-ci a appelé l'ambassadeur de France à Damas pour annuler le rendez-vous. Après diverses démarches, je me suis résolu à louer un théâtre pour y donner une conférence intitulée : « Les criminels nazis, de Barbie en Bolivie à Brunner en Syrie ». Le lendemain matin, trois policiers m'ont signifié mon expulsion et m'ont conduit en bout de piste, où un avion s'apprêtait à décoller pour Vienne. C'est ainsi que j'ai été extradé vers l'Autriche à la place de Brunner, en quelque sorte.

En décembre 1991, ce fut au tour de mon épouse d'aller à Damas avec le passeport d'une militante de notre association. Beate s'était grimée pour que son visage ressemble autant que possible à la photo. Le subterfuge a marché, puisqu'elle a pu franchir le contrôle de la police des frontières. Le lendemain, elle a manifesté dans la rue, devant le ministère de l'Intérieur syrien, en brandissant un poster rédigé en arabe et en anglais : « Assad, libère les Juifs de Syrie et extrade le criminel nazi Brunner. » L'arrestation, puis l'expulsion, de Beate ont relancé l'affaire. Le ministre des Affaires étrangères, Roland Dumas, l'a reçue chaleureusement et a promis d'intervenir auprès du président Assad qu'il devait rencontrer quelques jours plus tard. Résultat : Assad a reporté de quelques mois la visite de Roland Dumas et, lors de leur rencontre, lui a assuré ne rien savoir de la présence de Brunner en Syrie…

Que faire en pareilles circonstances ? Rompre le dialogue et les relations diplomatiques ? C'eût été difficile à l'époque, étant donné la priorité alors accordée au Liban, la place de la France dans les négociations au Moyen-Orient et ses relations bilatérales avec la Syrie, ancien mandat français. Certes, les dirigeants français évoquaient le dossier Brunner, mais ils encaissaient sans broncher les mensonges de leurs interlocuteurs syriens.

Ensuite, nous avons fait le siège du Parlement européen avec documents et conférences à l'appui. Deux années de suite, nous avons obtenu que les députés européens votent contre l'attribution d'une aide financière de deux cents millions de dollars promise à la Syrie, coupable d'héberger et de protéger le criminel nazi Brunner.

Après le dernier passage de Beate en Syrie, en 1991, Brunner avait été contraint de déménager, laissant son appartement au chef de la garde personnelle d'Assad. Depuis ce moment-là, pas de nouvelles...

En 1998, quand Assad est venu en visite officielle à Paris, notre association a été la seule à manifester contre lui, ses mensonges et la protection qu'il n'a cessé d'accorder à Brunner. Peut-être en remerciement des services rendus au clan Assad quand il officiait dans la police politique dans les années 1960. Sûrement parce que la sympathie d'Assad allait vers celui qui avait envoyé à la mort tant de juifs n'ayant pas pu trouver refuge dans un État juif. Si cet État juif avait existé, la Shoah n'aurait probablement pas eu lieu.

Je le dis, non seulement en tant que Juif citoyen français, mais également en tant que Juif à qui le gouvernement israélien a accordé la citoyenneté israélienne en récompense des services rendus au peuple juif. Israël, État refuge des survivants de la Shoah, est aussi le garant de la sécurité des Juifs partout où ils risquent d'être persécutés.

En Syrie, pays où les Juifs ont longtemps été persécutés sous Assad, avant que la plupart ne soient autorisés à émigrer, Brunner a pu continuer à assouvir quotidiennement sa

haine antijuive. Caricature du criminel nazi, il n'a vraisemblable-
ment jamais quitté la Syrie. Avec un seul œil, une main privée
de doigts, son âge avancé et son accent autrichien prononcé,
jamais il n'aurait pu passer inaperçu... Il est sûrement mort
aujourd'hui, puisqu'il aurait 101 ans. Quand est-il décédé ? Où ?
Dans quelles circonstances ? Impossible de le savoir puisque sa
fille, Irena, s'est toujours refusée à révéler quoi que ce soit sur le
sort de son père.

En 1998, le Quai d'Orsay a malencontreusement choisi les 16
et 17 juillet pour la visite officielle de Hafez el-Assad en France
– les dates anniversaires de la rafle du Vél' d'Hiv. Les autorités
françaises, aux petits soins pour le président syrien, ne se sont
pas souciées de voir le protecteur de Brunner traverser Paris en
ces jours où l'on commémorait le souvenir des Juifs arrêtés par la
Gestapo. Le président de la République a fait savoir que, par deux
fois en deux jours, il avait posé à Assad la question rituelle – et
obtenu la réponse rituelle : « S'il était en Syrie, ne le saurais-je
pas, moi qui suis le président ? ».

Nous avons la sérénité de ceux qui ont tout tenté pour faire
juger Brunner et l'amertume de ceux qui n'acceptent pas que la
place de l'accusé soit restée vide devant les assises de Paris en
2001. La justice française a accompli tous les actes en son pouvoir pour établir les crimes de Brunner et sa présence en Syrie.
Mais la raison d'État a été la plus forte. Les gouvernements suc-
cessifs ont préféré ne pas gêner les relations diplomatiques de la
France avec la Syrie. C'est un choix que nous avons le droit de ne
pas approuver, même si cela nous est facile à nous qui n'exerçons
pas de responsabilités officielles...

J'observe toutefois que nos gouvernants ont décidé de
demander des comptes au terroriste Ilich Ramirez Sanchez, alias
Carlos, coupable de plusieurs dizaines de crimes, mais pas à
l'officier SS Alois Brunner, responsable de plusieurs dizaines de
milliers de morts.

Il a fallu qu'un procès par contumace ait lieu en 2001 pour
que le souvenir des enfants du dernier convoi soit évoqué dans

une enceinte solennelle, pour que l'on constate, une fois de plus, que la France n'oublie pas le crime nazi, pour que le comportement de la Syrie soit dénoncé publiquement et pour que l'on reconnaisse, enfin, le rôle clé joué par les parties civiles, simples citoyens, dans les procédures et les campagnes contre l'impunité des criminels nazis qui ont persécuté les Juifs de France.

L'esprit de Nuremberg

Il me semble que le message proclamé si clairement à Nuremberg contre les crimes nazis a été entendu dans le monde occidental. Diverses justices nationales ont continué, longtemps après la fin de la guerre, à diffuser ce message en poursuivant les criminels du IIIe Reich. Dans les années 1970, les États-Unis ont remis en question leur politique d'immigration qui, pendant la guerre froide, avait permis à des criminels nazis d'entrer sur le territoire américain. Le département de la Justice s'est doté en 1979 d'une nouvelle unité, l'Office of Special Investigations (Bureau des enquêtes spéciales), chargé de faire la chasse aux criminels nazis qui auraient trouvé refuge sur le sol américain. Au fil des ans, une centaine d'entre eux a été déchue de la nationalité américaine et, dans certains cas, extradée vers leur pays d'origine ou vers l'État qui souhaitait les juger. Ce fut le cas de l'ancien gardien du camp de Sobibor, John Demjanjuk, livré à l'Allemagne en 2009, et du « boucher des Balkans », le ministre de l'Intérieur croate Andrija Artukovic, extradé vers la Yougoslavie en 1986. Certains, comme l'évêque roumain de la Garde de fer, Valerian Trifa, ont préféré renoncer à leur passeport américain et quitter d'eux mêmes le pays. Le Canada et l'Australie ont procédé de la même manière que les États-Unis.

L'Italie a, elle aussi, repris les poursuites contre les criminels nazis coupables de l'assassinat de civils italiens. En 2007, soit sept décennies après les faits, les tribunaux transalpins ont condamné des Allemands pour les massacres auxquels ils avaient participé.

Quant aux sentinelles en poste dans les camps d'extermination, la justice allemande leur demande encore des comptes en 2013. Le postulat nouveau, c'est que ces hommes sont coupables – sauf à prouver qu'ils sont innocents. Or il n'y a pas de témoins. Pas de documents, non plus, les incriminant directement. Comment ces accusés peuvent-ils se disculper, si longtemps après la guerre ? La cour fédérale de justice de Karlsruhe aura à décider s'il est possible de juger sur de telles bases.

Nous sommes confrontés à un difficile dilemme. Les victimes veulent qu'on juge jusqu'au dernier moment, jusqu'au dernier souffle du dernier criminel nazi. Seulement voilà : une justice démocratique doit procéder de manière équitable.

Certes, un tribunal de Munich a condamné John Demjanjuk, ancien gardien du camp de Sobibor, à cinq ans de prison en 2011 pour complicité dans l'assassinat de 27 900 Juifs. Mais, dans son cas, il existait un document que j'avais fourni, il y a vingt ans, à la justice française : le procès verbal de l'interrogatoire, par un procureur soviétique, d'un autre gardien de camp ukrainien, Ignat Danilchenko, qui a témoigné avoir servi au côté de Demjanjuk à Sobibor, puis à Flossenburg. Grâce à ce document, l'accusation avait la certitude, au moins, que Demjanjuk faisait bien partie des gardiens qui poussaient les Juifs vers les chambres à gaz.

Pour autant, il ne faut pas oublier que ces hommes, à l'instar de Demjanjuk et de Danilchenko, ont été confrontés à un choix terrible : mourir de faim dans un camp de prisonniers soviétiques ou servir dans un camp de concentration allemand. Était-ce un véritable choix ? Ils n'étaient pas Allemands, ils ne faisaient pas partie des décideurs.

Vis-à-vis de ceux-là, les ordonnateurs de la Solution finale, la justice allemande s'est montrée docile. Elle a agi comme la société le lui demandait. Quand les grands criminels étaient encore de ce monde et qu'il existait des tonnes de documents les accablant, quand les témoins à charge étaient encore vivants, les tribunaux d'outre-Rhin ont préféré ne pas les juger. Et, aujourd'hui, la justice se montre tout aussi docile en envisageant de poursuivre quarante anciens gardes d'Auschwitz...

En ce qui nous concerne, nous avons pratiquement arrêté nos actions après le procès par contumace, à Paris, d'Alois Brunner, le chef du camp de Drancy, en 2001. Lors du procès de John Demjanjuk, qui a débuté en 2009, nous avons souhaité que le cas des victimes françaises soit évoqué, mais notre constitution de partie civile a été rejetée. L'acte d'accusation était déjà rédigé, nous a-t-on dit, et la présence de Demjanjuk à Sobibor, au moment de l'arrivée des deux convois partis de France, n'était pas prouvée. Au fond, je n'ai pas regretté de ne pas assister au procès de ce nonagénaire impotent contre lequel n'existaient pas de preuves convaincantes – hormis le témoignage d'Ignat Danilchenko. Il était bien difficile, aussi, de reconnaître le criminel d'autrefois dans ce vieillard mutique, allongé sur sa civière.

À la suite de la plainte que nous avions déposée à Paris contre Demjanjuk en 1992, la justice française avait ouvert une information judiciaire. Cette procédure a débouché sur un non-lieu à la mort de Demjanjuk, l'extinction de l'action publique a été prononcée.

Le grand procès de Nuremberg, premier acte de la justice pénale internationale, a conduit les Nations unies à envisager la création d'un Tribunal pénal international permanent. Mais le désaccord des grandes puissances n'a pas permis, pendant des décennies, de le mettre sur pied. Au fil des massacres commis pratiquement sous nos yeux de téléspectateurs, quatre tribunaux pénaux internationaux temporaires ont vu le jour : pour l'ex-Yougoslavie, le Rwanda, la Sierra Leone et le Liban.

En 2002, la Cour pénale internationale, installée à La Haye, aux Pays-Bas, a enfin été officiellement créée. Ce tribunal permanent est chargé de juger les personnes accusées de génocide, crime contre l'humanité, crime d'agression et crime de guerre. Mais les États-Unis, la Russie, la Chine et l'Inde ne reconnaissent pas sa juridiction. Et il manque encore à cette cour son complément indispensable : une force internationale permanente de police en mesure de faire obstacle à l'accomplissement des crimes contre l'humanité. Ce sera la prochaine étape vers la disparition des crimes qui déshonorent notre planète, au même titre que la faim et la misère.

Pour l'histoire

Notre association, les Fils et Filles des déportés juifs de France, s'est forgé une âme en accomplissant, tout au long de ces années, une tâche douloureuse, celle d'identifier toutes les victimes, d'en dresser la liste dans le Mémorial de la déportation des Juifs de France, convoi après convoi. Nous voulions que toutes, sans exception, retrouvent leur identité, afin qu'elles soient présentes au procès de leurs bourreaux à Cologne, afin que l'on comprenne que la Solution finale, ce n'était pas de froides statistiques, mais bien un Juif + un Juif + un Juif…

À la volonté hitlérienne d'effacer la trace des victimes en brûlant leurs papiers d'identité, les listes de déportation et les déportés eux-mêmes, nous voulions opposer la volonté de voir les victimes réapparaître à la lumière du jour, redevenir des sujets, et non des objets de l'histoire, condamnés à la mort et au brouillard de l'oubli.

Mon père m'a laissé en héritage l'exemple de son courage. Ce dont je suis le plus fier, après toutes ces années, c'est que le ressort de mon engagement ne s'est jamais détendu. Je suis fier, aussi, du travail accompli par mon épouse, Beate, et par mon fils, Arno, dans cette œuvre de justice, de mémoire et d'histoire.

Je n'ai pas de regret. Je déplore que nous n'ayons pas obtenu satisfaction dans le cas d'Alois Brunner, mais ce n'est pas faute d'avoir essayé par tous les moyens. Quand on échoue alors qu'on est allé au bout, ce n'est pas trop grave. Non, je n'ai pas de regret.

Achevé d'imprimer en Italie par  Grafica Veneta
en février 2015
Dépôt légal février 2015
EAN 9782290101674
OTP L21ELLN000645N001

—

Ce texte est composé en Lemonde journal et en Akkurat

—

Conception des principes de mise en page :
mecano, Laurent Batard

—

Composition : PCA

—

ÉDITIONS J'AI LU
87, quai Panhard-et-Levassor, 75013 Paris
Diffusion France et étranger : Flammarion

Librio

1142